KB188681

21세기를
살아가는
현대인을 위한
철학

생각을 리부트하라,
AI 시대 인생 철학법

21세기를
살아가는
현대인을 위한
철학

토마스 아키나리 지음 ㅡ 장하나 옮김

파인북

지금 당신은 어쩌다 이 책을 읽게 되었나요?

어디에 살고 계시나요?

가장 좋아하는 음식은? 좋아하는 동물은? 취미는 뭐죠?

지금 이 글을 읽고 있는 분들 모두 각자가 다르게 대답할 것입니다.

즉, 우리는 모두 '다르다'는 것을 알 수 있습니다.

'그건 당연한 거 아니야?'라고 생각하실지도 모르지만,

모두가 다르기에 어떤 일에 대한 느낌이나 생각도 다양한 것입니다.

그런데 우리는 언제부턴가

'이래야만 한다', '이게 바람직한 자세'와 같은

한 가지 생각에만 사로잡혀 괴로움을 자처합니다.

그래서

자신의 생각이 정말 옳은지

되짚어 보기 위해 철학이 필요한 것입니다.

철학이라고 하면 가르치려 한다든가

이상理想을 강요하는 학문이라고 생각하기 쉽습니다.

하지만 실제로는 그 반대입니다. 철학이란

'이것이 과연 옳은가?'

'본디 옳은 것이란 무엇인가?'라는 질문으로

고정관념을 깨부수고 '새로운' 개념을 만들어가는 학문입니다.

따라서 이 책에서는

철학 사상을 일방적으로 설명하지 않고

우리 현대인들이 철학자들과 소통하며 논쟁하는 방식으로 진행됩니다.

여기서 다루는 주제들은 대부분

오늘날 사람들이 궁금해하는 내용들이기에

실생활에 유용한 통찰을 제공할 것입니다.

읽는 동안

'그래, 내가 하려던 말이 바로 그거였어!' 하고

공감하는 부분도 있을 테고,

'그렇게 말할 수도 있겠구나!' 하고 새롭게 발견하는 부분도 있을 겁니다.

그렇게 다양한 의견을 살펴보는 동안

모든 일에는 다양한 견해가 있음을 알게 되고

인생에 도움이 될 만한 힌트를 얻게 될 것입니다.

'지금 고민하는 문제도 어쩌면 고정관념일 수 있겠구나' 하고 깨닫게 된다면,

일상의 골치 아픈 문제를 해결하는 어떤 실마리를 찾게 될지도 모릅니다.

이 책이 인류의 역사를 움직여 온 지혜에

한 발짝 다가서는 계기가 되었으면 합니다.

저자 토마스 아키나리

왜 철학×논쟁인가?

누구나 궁금해하는 주제에 대해
논쟁을 통해 철저히 〈철학적 사고〉를 할 수 있다

이 책에서는 과거의 철학자들이 그러했듯이 어떤 주제에 대해 현대인이 의문을 던지고 과감히 논쟁을 벌입니다.

'대충 살면 안 될까?'

'정치에 관심이 없으면 안 되는 걸까?'

'성공하는 게 의미가 있을까?'

'인생은 부모운으로 결정된다?'

'현대 자본주의 사회에는 문제가 있다?'

현대인이라면 누구나 느낄 법한 궁금증을 역사 속 철학자에게 질문하면 어떻게 될까?

이 책은 그런 호기심에서 출발하였습니다.

평소 익숙하고 궁금했던 문제를 철학적 사고로 다루기 때문에, 일상에서 분명 활용할 기회가 있을 것입니다.

부디 이 책을 통해 '철학을 배우는 것'에 그치지 말고, 스스로 '철학을 하는' 계기가 되었으면 합니다. 고민하며 살아가는 사람이라면 누구나 훌륭한 '철학자'가 될 수 있으니까요.

철학과 논쟁은 의외로 궁합이 좋다?

논쟁이라 하면 격하게 의견을 나누거나 반론한다는 이미지가 있다고 생각합니다. 어쩌면 '조금 두렵다'든지 '철학과 무슨 상관이지?'라고 생각하는 사람도 있을지 모릅니다. 하지만 철학과 논쟁은 의외로 궁합이 좋습니다.

유명한 철학자 소크라테스는 진리를 추구하는 데 있어서 문답법이라는 방법을 취했습니다. 이는 상대에게 연속적으로 질문을 던지는 방법으로 '이런 경우는 어떠한가?', '그건 확실한가?'라는 질문을 통해 사람들에게 무지를 자각시키려고 했습니다. 이건 오늘날의 논쟁과 같은 것입니다. 답이 명확하지 않은 물음에 대해 '이것도 아니다', '저 것도 아니다' 하며 음미하는 철학은 사실 논쟁과 상당히 궁합이 좋습 니다.

철학의 최전선에서도 논쟁이 활용되고 있다!

철학과 논쟁의 궁합을 보여주는 한 예로, 마이클 샌델 교수의 강의 를 들 수 있습니다. 하버드대학교에서 정치철학을 가르치는 샌델 교 수는 강의에서 논쟁을 적극적으로 활용합니다. 특정 주제를 두고 찬 성 또는 반대 입장에서 의견을 제시한 뒤, 토론 과정에서 입장을 바꾸 는 것이 그의 강의의 특징입니다. 이처럼 양측 입장에서 생각해 봄으 로써 어떤 새로운 발견을 얻게 되는 것입니다.

이 책 역시 단순히 철학자의 사상을 설명하는 데 그치지 않고, 논쟁 이라는 형식을 통해 현대인과 철학자의 입장을 모두 조명하는 특징 이 있습니다. 현대인의 생각에 공감하거나, 철학자의 의견에 '그렇구 나' 하고 수긍하는 과정을 통해, 자연스럽게 다양한 시각에서 사물을 바라보는 습관을 기르게 될 것입니다.

CONTENTS

• 제2장 •
사회의 법칙, 나만의 처세술
Society

• 제3장 •

경계를 허물어 가는 미래의 삶

Future

완결

변화하는 나,
더 나은 인생

제1장

Way of life

현대인

니체

대충 살면 안 될까?

애쓰지 않고 살아가는 것도
하나의 삶의 방식이라고 생각합니다만….

현대인

예전에는 일할 때나 놀 때나 뭐든 죽기 살기로 열심히 하자는 주의였지만 제 생각은 다릅니다. 요즘 세상에는 열심히 일해 봤자 제대로 된 보상도 못 받고 노는 것도 금방 질립니다. **이 세상에 절대 가치라는 것은 없는데 뭔가에 몰두하기에는 너무 가성비가 떨어지지 않나요?**
이렇게 말하면 기성세대들은 약해빠졌다며 역정을 냅니다. 많은 것을 바라지도 않고, 애쓰지 않으며, 살아가는 그런 삶의 방식도 있지 않을까요?

자네 의견은 내 생각과 꽤 통하는 부분이 있군. 나 또한 **'절대 가치란 존재하지 않는다'**고 주장했으니까 말이야.
하지만 과연 그게 전부일까? 이것이야말로 내 주장의 핵심이라네. 자네와 꼭 대화를 나눠 보고 싶군.

대충 살면 안 될까?

«« ROUND 1 START! »»

🙂 대충 사는 게 뭐가 나쁘죠? 요즘엔 애쓰면서 사는 게 무의미해 보여요. 이제 퇴근 시간인데 가봐도 될까요?

😐 허허, 여기는 회사가 아니니 잠시만 기다려 주게나. 자네는 왜 그렇게 생각하지?

😟 니체 선생님은 잘 모르시나 본데, 요즘 세상엔 열심히 일해 봤자 보상도 제대로 못 받는다고요. 취미도 언젠가는 질리고요. 이 세상에 절대적으로 믿을 수 있는 건 아무것도 없어요. 그러니 뭐든 죽기 살기로 해 봤자 가성비가 떨어질 수밖에요.

🤔 흠…. 그럴 수도 있겠군. '이 세상에 절대적으로 믿을 수 있는 건 없다', 그건 나도 동감하네.

엇, 그렇습니까?

그럼, 조금 더 들어보게나. 예부터 사람들은 신과 같은 절대적 존재를 믿어 왔어. 단지 신을 믿는 것만으로도 큰 힘을 얻었기 때문이지.

무릇 인간이란, 스스로 믿는 것에서 힘을 얻는 법이지. 그런 의미에서 신은 애초부터 존재하지 않았던 거야. 나는 이를 신은 죽었다라고 표현했지. 어쩌면 자네도 나와 같은 생각을 가진 선구자라고 할 수 있겠군.

신은 죽었다

니체는 신뿐만 아니라, 절대적이라고 여겨졌던 모든 가치관이 결국 인간의 욕망에 의해 만들어진 것이라고 주장했다. 이러한 사고방식은 '세상에는 신이라는 절대적 가치가 존재한다'는 서구 기독교 문화권의 세계관에 큰 충격을 안겨 주었다.

니체 선생님과 제 생각이 같다는 말씀이시죠? 세상에 절대적 가치관은 없다고 하셨으니까요.

거기에 이견은 없네. 자네는 내가 퍼뜨린 허무주의 사상을 지닌 거야.

허무주의

절대적 존재가 현 세계에 존재하지 않는다는 말은, 신과 같은 절대적 가치관은 물론 정신적 근거가 되는 인생의 답도 존재하지 않음을 뜻한다.

이것을 '허무주의'라고 한다. 허무주의에서는 모든 가치관이 붕괴하기 때문에 인간은 의미도 목적도 없는 인생을 살게 된다.

맞아요. 허무주의자라고들 하잖아요. 뭔가에 기대했다가 뜻대로 되지 않으면 자포자기해 버리는 사람도 있고요. 그럴 거면 처음부터 아무것도 바라지 않고 대충 사는 편이 낫지 않을까요?

중계 　 현대인은 니체 선생님의 생각과 일맥상통하는 부분이 있어서 설득력이 있네요.

해설 　 네. 니체 선생님의 철학은 기독교 가치관에 큰 타격을 주었지만, 일본은 처음부터 기독교가 아니었으니 '절대적 가치관'을 의식하지 않는 사람도 많을 것 같아요. 있는 그대로를 받아들이는 게 예부터 전해 내려온 일본의 사상이니까요.

중계 　 맞아요. 허무주의적 깨달음을 얻은 요즘 세대는 '신은 죽었다'와 같은 가치관과 잘 맞을지도 모르겠네요. 자, 양쪽의 허무주의적 대결은 어떤 행보를 이어가게 될까요?

<<< ROUND 1 JUDGE! >>>

🧔 나는 단순히 '신은 죽었다'고 말하려는 게 아닐세. 제대로 된 대처법 또한 말하고 있어. 궁금한 게 있는데, 그럼 자네는 대충 살면 그만이라는 건가? 정말 그런 인생이어도 좋다고 생각하나?

🙂 네. 대충 사는 게 무의미한 인생을 편히 사는 최선의 방법이에요.

🧔 과연 그럴까? 여기서 한 가지 테스트를 해 보겠네. 자네가 죽은 뒤 다시 완전히 똑같은 인생을 반복한다고 치는 거야. 똑같은 인생을 영원히 돌고 돌게 되는 거지. 그렇다고 해도 자네는 매번 지금처럼 '대충 사는 인생'을 선택할 건가?

🙂 으음, 왜 그런 설정을…. 인생을 또 한 번 살게 된다면 잘생긴 부자로 환생해서 잘먹고 잘살고 싶은데요.

🧔 그야 누군들 안 그렇겠나. 그런데 누차 말하지만 이건 지금 자네 인생을 다시 발견하기 위한 일종의 테스트야. 다시 생각해 보게.

영원(영겁) 회귀

니체는 현 세계가 무한히 반복되며, 동일한 모습으로 끊임없이 되풀이된다는 개념인 '영원 회귀'를 하나의 모델로 제시했다. 이러한 사고방식은 자기 자신은 물론 지구도 우주도 똑같은 현상을 영원히 반복한다고 여긴다. '영원 회귀를 긍정할지, 부정할지'를 생각하는 것은 '자신의 인생 전체를 긍정할지, 부정할지'를 묻는 일종의 테스트가 된다(이것은 영원 회귀의 해석 중 하나다).

지금 인생이 영원히 돌고 돈다면 싫을 것 같긴 해요.

그 말인즉슨 현재 삶의 방식이 최선은 아니라고 자네 스스로 자각하고 있다는 뜻은 아닐까?

그야 그럴 수도 있겠지만….

사실 허무주의를 파악하는 방식에는 두 가지가 있어. 하나는 소극적 허무주의, 또 하나는 적극적 허무주의라네. 자네의 그런 생각은 소극적 허무주의야. 자네 말대로라면 인생을 되는대로 살겠다는 건데 솔직히 자네도 그런 삶을 바라는 건 아닐 테지?

적극적 허무주의·소극적 허무주의

KEYWORD

니체에 따르면, 허무주의에는 '적극적'인 것과 '소극적'인 것이 있다. 무의미한 인생을 긍정적으로 받아들이면 적극적 허무주의가 되고, 인생을 되는대로 살게 되면 소극적 허무주의가 된다.

중계   허무주의에는 그것을 어떻게 해석하느냐에 따라 적극적인 것과 소극적인 방식이 있군요. 하지만 인생을 무의미하게 받아들이는 게 어째서 적극적이라는 건지는 잘 이해되지 않네요.

해설   네. 그 열쇠는 니체 선생님이 쥐고 있겠지요.

인간은 조금 더 강해지거나 발전하고 싶어 하는 열망, 즉 '힘을 향한 의지'를 가지고 있다네.

힘을 향한 의지요? 아까도 말씀드렸다시피 요즘 세상엔 그래봤자 돌아오는 건 배신뿐이라고요….

그래! 인간은 힘을 향한 의지(보다 높은 가치를 낳으려는 의지)에 따라 지금보다 더 강한 존재가 되길 바란다네. 하지만 현실은 그렇지 않아서 이렇게 생각하는 사람이 대부분이지. '나는 뛰어난 인재지만 사회가 이 모양이라 실력 발휘를 할 수 없어'라든가 '환경만 좋았어도 더 잘 나갔을 텐데'라고 말이야.

요컨대 현실에서 좌절하면 거기에 온갖 핑계를 갖다 붙여 정당화하는 거야. 일종의 정신 승리인 셈이지. 이것을 르상티망 ressentiment(원한 감정)이라고 한다네.

KEYWORD

르상티망(원한 감정)

니체는 기독교의 '가난한 자는 행복하다', '고통받는 자는 천국에 간다'와 같은 사상이 사실은 약자가 강자를 이기기 위해 가치관을 왜곡한 것이라고 주장했다. 니체에 따르면, 약자가 강자에게 갖는 르상티망(원한 감정)은 기독교뿐만 아니라 모든 영역에서 도덕을 왜곡시키며 선악의 기준이 된다. '가난한 자신은 선하고, 부자는 악하다'는 발언이 그 대표적인 예이며, 니체는 이것을 '노예도덕'이라고 불렀다.

그렇다면 '어차피 인생은 열심히 살아봤자 다 쓸데없으니 대충 사는 게 진짜 삶의 방식'이라는 생각도 르상티망 아닌가요?

그럴지도 모르지. 하지만 앞서 영원 회귀에서처럼 자네의 그런 생각은 본심이 아니지 않았나?

그렇지만 많은 사람이 열심히 살아봤자 허무하게 끝날지도 모른다는 생각에 불안해하는걸요.

어차피 마냥 무의미하게 인생을 흘려보낼 게 아니라면, 반대로 열심히 살아보는 건 어떨까? 열심히 했는데도 실패했다. 기대했는데 물거품이 되어버렸다 해도 '이 또한 내 인생이다', '그동안 숱한 우여곡절이 있었지만, 앞으로는 인생을 새롭게 살아보면 어떨까?' 이런 마음으로 열심히 살아가는 편이 더 낫지 않겠나?

그럴까요. 그래봤자 대부분의 평범한 사람들은 결국 아무것도 이루지 못하고 서서히 죽어갈 게 뻔해요. 우린 니체 선생님과 다르니까요.

아니, 그렇지 않아. 나야말로 보잘것없는 삶이었다네. 절친했던 음악가 바그너와 절교하고 동생이랑은 싸워서 냉전 중이고, 사랑하는 사람에게 차이고, 출판한 책은 팔리지도 않고….

네? 그런 일이 있으셨어요? 생각보다 꽤 고단한 삶이었네요. 저보다 더 심한 것 같은데….

그렇지? 잘 알려지지 않아서 그렇다네. 그래도 난 이 순간을 긍정하는 것이 중요하다고 생각해. 자네에게도 삶을 긍정적으로 바라봤던 경험이 있지 않은가?

음…. 아주 작은 일이 있긴 한데….

그래! 어서 들려주게.

그게…. 피아노를 배웠을 때인데요. 처음 연주회에서 치고 싶은 곡을 제대로 칠 수 있게 되었을 때 기뻤어요. 저보다 잘 치는 사람이 너무 많아서 관뒀지만요.

좋은데? 어른이 되면 실패나 사람들의 시선이 두려워지는 법이야. 하지만 모든 실패와 좌절을 극복하고 매사 긍정하며 씩씩하게 살아가야 하네.

초인

KEYWORD

니체는 '신은 죽었다'를 최고의 가치로 여기며, 인간 스스로 신이 되어 새로운 가치를 창조할 수밖에 없다고 생각했다. 그리고 스스로 가치를 창출하는 존재를 '초인'이라고 표현했다. 초인이란 미래에 나타나게 될 존재로 인간은 이러한 초인을 이상으로 삼아 역경에 굴하지 않고, 도리어 역경을 긍정하며 씩씩하게 살아가야 한다고 주장했다.

저보다 더 뛰어난 사람이 있든 말든, 그저 피아노 연주에만 열중했으면 좋았을까요?

그렇고말고! 비록 내가 쓴 책이 인기는 없었지만, 덕분에 지금 이렇게 자네와 이야기를 나누고 있지 않은가. 현 상황이 어떻든 스스로 가치를 창조하며 적극적으로 살아가는 게 중요하다네.

Tip 니체는《차라투스트라는 이렇게 말했다》를 저술했으나 세간의 인정을 전혀 받지 못했다. 훗날 니체는 정신질환을 앓게 되었지만, 명성은 서서히 높아져 갔다. 한편, 리하르트 슈트라우스의 교향시 〈차라투스트라는 이렇게 말했다〉도 이 책에 영감을 받아 작곡되었다.

중계 실패도 인생의 일부라 생각하고 받아들인다는 게 뭔가 용기를 북돋워 주네요.

해설 네. '어차피 안 될 텐데'라고 생각하기보다 '이 또한 내 인생이다'라고 받아들이는 사상이 적극적 허무주의라고 할 수 있겠죠. 그것을 통해 새로운 의미를 창조하려는 자세가 적극적 허무주의에서 중요한 부분이죠.

<<< ROUND 3 JUDGE! >>>

21세기를 살아가는 현대인을 위한 철학

프리드리히 니체(1844~1900) … 독일의 철학자. 생의 철학. 저서로는《차라투스트라는 이렇게 말했다》등이 있다.

기존의 철학을 통째로 논파한 남자, 니체

니체는 기존의 철학을 전부 뒤엎을 정도로 새로운 사상을 펼쳤다. 전통적인 철학에서는 '절대적·보편적 진리'를 추구하는 것이 주류였지만, 니체는 이를 정면으로 부정하며, '이 세상에 진리 따윈 없다. 사람들은 자기가 믿고 싶은 것을 진리라 여길 뿐이다'라고 폭로하고 '신은 죽었다'라고 표현했다. 절대적 가치관이 존재하지 않는다는 것은 곧 사물에 본질적 가치가 없으며, 세상에는 어떠한 의미나 목적도 존재하지 않는다는 뜻이다. 이러한 사상을 '허무주의'라고 한다. 하지만 당시 유럽에서는 기독교를 절대 가치로 여겼기에 이러한 사상은 처음부터 받아들여지지 않았다.

'상대주의'를 진화시킨 니체의 사상

니체는 그리스 철학 이후의 상대주의에 원근법(퍼스펙티브)의 사상을 가미했다. 그리고 '사람은 자신이 보고 싶은 것만 보고, 자신의 기분을 좋게 만드는 무언가를 옳다고 믿는다'고 주장했다. 이는 단순히 '사람마다 사물을 보는 방식이 다르다'는 주장과는 조금 다르다.

니체는 이처럼 무언가를 옳다고 믿게 만드는 힘을 '힘을 향한 의지'라고 불렀다. 이것은 현재의 자신을 뛰어넘어 보다 강한 존재가 되고 싶다는 근본적 의지를 의미한다.

절대적 가치관이 없다면 스스로 만들어라

인간의 모든 사고와 언행은 어떤 기준과 가치 평가라는 필터를 통과한 뒤 출력된 결과다. 이것은 도덕과 학문에서도 마찬가지다. 따라서 '무엇이 도덕적으로 옳은가'는 상황에 따라서 바뀌며, '무엇이 학문적으로 옳은가' 또한 인간의 인식과 해석 방법에 따라 나뉘게 된다. 하지만 니체는 '어떤 것도 정답은 없다'는 허무주의와 대치하며, 이것을 극복하고자 했다.

그는 최고와 가치, 목적이 존재하지 않는다면, 인간 스스로가 인생에 새로운 가치를 부여해야 한다고 주장했다. 이것이 바로 '절대적 가치가 없으니 의욕이 생기지 않는다'와 같은 소극적 허무주의와는 다른 적극적 허무주의인 것이다.

'초인'을 목표로 씩씩하게 살아가라!

니체는 스스로 가치를 창출하는 인간이 되라고 외쳤다. 그리고 이러한 인간을 '초인'이라고 불렀다. 초인은 어떠한 역경에도 굴하지 않고 도리어 역경을 긍정하며 살아간다. 니체는 '고통을 포함해 인생은 몇 번이고 반복된다'는 영원 회귀 사상을 주장하며, 비록 그러한 삶이라 할지라도 꿋꿋이 살아가는 인간의 등장을 기대했다.

　인생 전체를 긍정하는 사상을 추구한 니체는 훗날 그 가치를 인정받아 현대 사상에 큰 영향을 주었다.

소극주의자

헤겔

소극주의는 나쁠까?

아무런 문제 없이 조용하고 평온하게 살고 싶어요.

✳

소극주의자

어릴 때부터 부모님이 자주 싸우셔서 그런지, 저는 자연스럽게 눈치를 보는 성격으로 자랐어요. **갈등을 피하려는 성향도 아마 그 영향** 때문인 것 같아요.

사회에 나와 보니, 업무와 관련해 언쟁을 벌이는 사람들을 종종 보게 되었어요. 그런데 그런 사람들을 보면 각자 할 말을 뚜렷이 한다는 점에서 대단하다는 생각이 들어요. 하지만 동시에, 그들이 종종 불화를 일으켜 주변 사람들을 불편하게 만든다는 점도 눈에 띄었어요. 마치 제 부모님처럼요. 그래서 **저는 소극적인 태도도 반드시 나쁜 것만은 아니라고 생각해요.**

'소극적인 태도'로 살아도 괜찮지만⋯. 내가 주장한 **'변증법'**에서는 **'모순과 대립을 통해 발전한다'**고 보고 있어요. 이건 매사에 통용되는 규칙이지요. 꼭 이 변증법의 개념을 이해했으면 좋겠어요.

소극주의는 나쁠까?

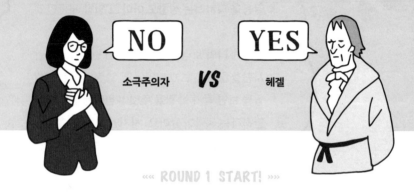

소극주의자 **VS** 헤겔

<<< ROUND 1 START! >>>

🙍 소극적인 태도가 꼭 나쁜 걸까요? 요즘에는 괜히 나섰다가 오히려 시기의 대상만 될 뿐이에요. 그걸 피하려면 무슨 일이든 원만히 해결하고 넘어가는 소극주의자로 사는 것도 나쁘지 않다고 생각해요.

🧑 그게 가능하다면야 상관없겠지만…. 아마 모든 일이 생각처럼 쉽게 풀리진 않을 겁니다. 문제를 원만하게 해결하고 싶어도 매번 싸움을 피할 수는 없는 법이니까요. 어떤 일에 휘말리지 않고 살아간다는 건 그만큼 어려운 일입니다.

🙍 그런가요? 있는 듯 없는 듯 조용히 살면 괜찮지 않을까요?

🧑 꼭 그렇지만도 않아요. 알다시피 세상은 끊임없이 변하기 때문

에 여러 가지 일이 생기기 마련이지요. 철학에서는 이것을 현상이라고 부릅니다.

그게 소극주의로 살아가는 것과 무슨 관련이 있나요?

당연히 관련이 있죠. 변화가 일어날 때 모순이 발생하고, 그로 인해 새로운 문제가 생기게 마련입니다.

즉, 변화하는 '현상 세계'에서 살아가는 이상, 아무리 원만하게 해결하려 해도 결국 어떤 모순과 대립에 휘말릴 수밖에 없다는 뜻이죠. 지금까지 살아온 인생을 돌이켜보세요. 아무 문제 없이 평탄했나요? 이건 단순한 우연이 아니라, 세상의 법칙이 작용하는 결과입니다.

문제 자체가 생기는 걸 막을 순 없을지도 몰라요. 하지만 그 문제를 어떻게 마주할지는 개인이 주체적으로 선택할 수 있지 않나요? 문제를 키우지 않기 위해서라도 역시 전 조용히 문제를 해결하는 쪽을 택하고 싶어요.

중계 여기는 양쪽 모두 팽팽하네요. 헤겔 선생님의 반론에서 '세상의 법칙'이라는 용어가 나왔는데요. 이건 무엇을 의미할까요?

해설 인생에서 문제가 끝없이 발생하는 것은 피할 수 없는 필연적인 과정이라는 의미입니다. 즉, 변화 속에서 모순과 대립이 생기고, 이를 통해 발전이 이루어진다는 것이죠. 이는 헤겔 철학의 핵심 개념 중 하나라고 볼 수 있습니다.

중계 그렇군요. 세상이 끊임없이 변하면 불편할 수밖에 없겠죠.

하지만 갈등을 최소화하고 문제를 원만하게 해결하고 싶다

는 마음도 이해는 가네요.

«« ROUND 1 JUDGE! »»»

«« ROUND 2 START! »»»

그런데 일단 문제가 발생하면 쉽게 해결하기가 어렵습니다.

왜 그럴까요?

앞서 말했듯이 세상에는 '모순'과 '대립'이 존재하니까요. 사소
한 일부터 중대한 문제까지 모든 갈등은 이 원리를 따르죠.

이렇듯 어떤 안정된 상태에서 모순이 발생하면, 그 대립이 융
합되면서 보다 고차원적인 상태로 발전하게 됩니다. 이러한 과
정에서 모순을 거쳐 보다 높은 차원의 진리를 향해 가는 방법을
변증법이라고 해요. 이것은 모든 현상에 적용되는 논리 법칙이
기에 피할 수 없습니다.

변증법

변증법이란, 어떤 입장(정·즉자)에 대해 모순이나 대립하는 상태(반·대자)가 발생했을 때, 양자(정·즉자와 반·대자)가 서로 대립하면서도 공존하며, 보다 높은 차원의 상태(합·즉자 및 대자)로 발전해 나가는 논리를 의미한다. 이는 '봉오리(정)가 꽃(반)을 피우고 열매(합)를 맺는다'와 같은 여러 자연현상에서부터 의식, 법, 역사 등에 이르기까지 모든 사물을 지배하고 있는 논리라고 여겨진다.

이해가 잘 가지 않네요. 그렇다면 가능한 한 가만히 있으면 변증법의 작용도 발생하지 않겠네요?

아닙니다. 변증법은 모든 곳에서 일어납니다. 심지어 걷기만 해도 변증법이 작용하니까요.

걷기만 해도 변증법이 발생한다고요? 그게 무슨 뜻이죠?

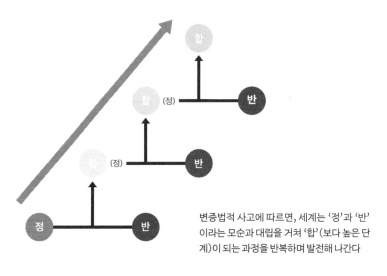

변증법적 사고에 따르면, 세계는 '정'과 '반'이라는 모순과 대립을 거쳐 '합'(보다 높은 단계)이 되는 과정을 반복하며 발전해 나간다

예를 들어, 의자에서 일어서는 것만으로도 '앉아 있는 상태(정) → 중력을 거슬러 힘을 주는 상태(반) → 일어서는 상태(합)'라는 변증법이 발생하지요. 하물며 보행은 오른발과 왼발이 교대로 움직이며 서로 모순과 대립을 이루기 때문에, 걷는 행위 자체가 끊임없는 변증법의 과정인 셈입니다.

아…. 그런 논리라면 변증법이 모든 곳에서 작용한다는 말씀이 이해가 되네요. 하지만 이런 경우에는 어떻게 되나요? 회사에서 까다로운 상사와 충돌했다고 칠게요. 그 상사가 만약 몇 년 뒤에 정년퇴직할 사람이라면 괜히 부딪쳐서 고달파지느니 그냥 참는 게 낫지 않을까요?

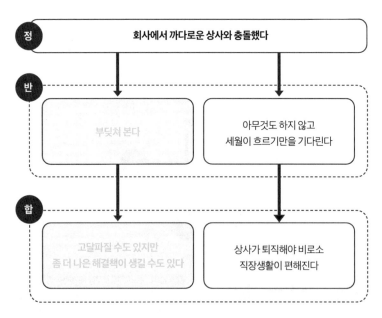

정	회사에서 까다로운 상사와 충돌했다
반	부딪쳐 본다 / 아무것도 하지 않고 세월이 흐르기만을 기다린다
합	고달파질 수도 있지만 좀 더 나은 해결책이 생길 수도 있다 / 상사가 퇴직해야 비로소 직장생활이 편해진다

어떤 규칙에서건 최종적으로 세상은 '정→반→합'의 과정을 거쳐 변화해 간다

그런 경우에는 '상사가 의견을 낸다(정) → 반론한다(반) → 좋은 방향으로 해결한다(합)'는 방향으로 나아가거나, '상사가 회사에 있다(정) → 나이를 먹는다(반) → 상사가 정년이 된다(합)'는 현상을 잠자코 지켜보는 방법이 있겠네요.

그렇다면 그냥 내버려 둬도 변증법이 작용해 세상이 제멋대로 바뀌게 된다는 말이겠네요.

그건 그렇지요. 세상의 근본에는 그런 원리가 작용하니까, 인간이 그 변화를 무의식적으로 따라가며 조종당하는 것처럼 보일 수도 있겠죠.

그렇죠? 역시 저는 앞으로도 숨죽이고 조용히 살아가는 게 낫겠어요. 제가 뭔가를 할 때마다 성가신 일이 생길 테니까요.

중계 변증법은 세상의 법칙이군요.

해설 네. '화창했는데(정) 갑자기 비가 와서(반) 우산을 사서 비를 피했다(합)'와 같은 사소한 일도 변증법이에요. 인생이란 그런 사소한 변증법들이 쌓여가는 거예요.

중계 그렇다면 이 세상에서 아무 일도 일어나지 않는 게 오히려 이상하겠군요.

해설 그렇죠. 어떤 문제가 발생했다면 그건 변증법적 흐름에 따른 결과라고 생각하는 편이 좋아요.

중계 하지만 소극주의자 씨의 말처럼 가만히 그저 바라만 보고 있는 방법도 좋지 않을까요? 다른 사람이 움직이면 되니까요.

여기서는 소극주의자 씨의 손을 들어 주고 싶네요.

«« ROUND 2 JUDGE! »»

 ×

«« ROUND 3 START! »»

뭐 소극적 태도로 조용히 살아가는 것도 괜찮을 수 있지요. 그런데 다시 말하지만 '안정(정)→문제(반)→해결(합)'이라는 변증법은 무슨 일에서건 항상 일어날 겁니다.

그러니 매사 소극적 태도로 살아가는 건 무리겠지요. 집에 가만히 있어도 '예금이 있다(정) → 예금이 점점 줄어든다(반) → 일을 해야 한다(합)'라는 변증법이 발생할 테니까요.

현상 세계의 변화로 여러 가지 모순과 대립이 일어나니까 저도 움직일 수밖에 없다는 건 이해했어요. 그렇더라도 저로서는 받아들이기가 힘드네요.

모순이나 대립을 두려워하지 말고, 세상이 긍정적으로 나아가고 있다는 것을 인식하면 됩니다. 이 세상을 보면 알 수 있지 않나요? 우리는 모순을 거쳐 발전하도록 만들어져 있어요. 그렇게 대부분의 사람은 모습과 대립을 뛰어넘어 좀 더 높은 단계로 발전하게 되는 것이지요.

하지만…. 세계라든가 그런 거창한 말씀을 하셔서 그런지 저랑은 크게 상관이 없는 것 같아요. 세계의 미래를 걱정하기보다 저를 먼저 생각하고 싶어요. 성가신 일이 많은 요즘 같은 시대에는 역시 소극주의가 제일이에요.

그렇지만 지금 당신도 나와 대립을 통해 변증법을 실천했잖습니까?

네?

처음에 당신은 '소극주의가 좋다'라고 주장했습니다(정). 그런 다음 나와 대화를 통해 '그렇지 않다'라는 비판을 받았지요(반). 그리고 많은 이야기를 통해 좀 더 굳건한 소극주의로 발전한 것입니다(합). 즉, 이 대화 자체가 변증법이었던 겁니다.

어때요, 모습과 대립을 거치면 새로운 발견이 있을 거라 했지요? '소극주의'에만 너무 사로잡히지 말고 가끔은 다양한 대화를 시도해 보는 것도 좋을 듯합니다.

중계 엇! 이 대화 자체가 변증법이었던 거군요.

해설 네. '의견을 말한다(정)→반대 의견을 낸다(반)→양쪽 의견에 합의가 이루어지거나 다른 의견이 나온다(합)'라는 토론이 바로 변증법이니까요.

중계 처음엔 소극주의였는데 어느새 정반대인 변증법을 실천하게 된 셈이네요. 정말 변증법은 모든 곳에 적용되는군요.

해설　그런 의미에서 헤겔의 철학은 후기 철학에도 지대한 영향을

주었어요. 마르크스가 그 대표적인 예지요.

«« ROUND 3 JUDGE! »»

LOSE...

WIN!!

Tip　헤겔은 철학에서 예술의 영역을 개척하여 '예술 철학'의 초석을 다졌다. 하지만 같은 독
일인인 베토벤에 대해서는 한 번도 언급하지 않았다. 정확한 이유는 알 수 없지만, 헤겔
은 이탈리아 오페라를 상당히 좋아했던 것으로 보인다.

프리드리히 헤겔(1770~1831) ⋯ 독일의 철학자. 독일 관념론의 완성자. 주요 저서로는 《정신현상학》, 《역사 철학》 등이 있다.

현 우주의 미스터리적 존재 '절대정신'

헤겔이 주장한 '변증법'은 우주의 모든 변화와 발전이 일정한 법칙에 따라 일어난다고 보는 '우주의 법칙'이라고 여겨진다. 그는 '절대정신'을 우주의 근본 원리로 보고, 모든 물질과 현상은 이 절대정신이 자기 자신을 밖으로 표현해(자기 외화) 나가는 과정에서 발생한다고 보았다.

'자기 외화'란 예를 들어, 예술가가 자기의 정신을 작품으로 표현하는 것을 말한다. 또한 정신은 자기 부정(자신의 생각에 '잠깐!' 하고 제동을 거는 이미지)을 통해 자기 외화를 해나간다. 그는 이와 같은 원리가 자연 세계에도 적용된다고 보았으며, 자연 세계는 정신이 물질로 표현된 결과라고 설명했다.

세계의 본질도 '정신'?

정신은 '외화'를 통해 비로소 타인에게도 이해받는다. 예를 들어, 화가의 내면의 존재 방식(주관적 존재 방식)은 처음부터 존재하는 것이 아니라, 작품(객관적 존재 방식)을 완성하기 위한 노동을 통해 형성되고 현실화된다. 이런 사고방식은 훗날 마르크스에게 영향을 주었다.

헤겔은 개인뿐만 아니라 세계의 본질에도 정신이 있다고 생각했다. 세계는 정신이 현실을 향해 스스로 외화하고, 역사적으로 나아가는 과정이라고 주장했다. 예술가가 작품에서 자기를 표현하듯, 우주의 궁극적 존재인 '절대정신'이 자신을 표현하면 그것이 세계사로 나타난다고 했다. 헤겔은 이 과정에서 세계의 본질이 '자유롭고 이상적인 정신'임을 자각했다고 서술했다. 이러한 역사의 과정은 변증법의 법칙을 기초로 전개되어 나간다.

세계의 궁극해 다른 존재는 노동 단계로 움직이지나지

헤겔은 '꽃봉오리가 열매를 맺기까지'의 과정을 통해 변증법을 설명했다. 꽃은 '봉오리'(정) 상태에서 '꽃'(반)을 피우고 '열매'(합)를 맺는다. 세계사도 마찬가지다.

'평화로운 상태 → 인간이 불만을 외치며 난동부리는 상태 → 새로운 정치가 열리는 상태'와 같은 '안정 상태(정) → 불안정 상태(반) → 한층 더 안정된 상태(합)'로 전개된다.

이처럼 모든 존재는 모순과 대립의 요소를 안고 살아간다. 그리고 그것이 상호 작용하면서 좀 더 새롭고 본질적인 고차원으로 발전해 간다고 여겼다.

한국이 변증법이 이를

헤겔에 의하면, 변증법은 모든 존재를 설명하는 만능 공식이다. 그래서 최근에 일어난 일부터 거대한 역사의 발전까지 모든 일을 변증법을 통해 사고할 수 있다고 여겼다.

논쟁 또한 '어떤 인식(정)에서 반론(반)을 거쳐 새로운 인식(합)에 이른다'는 의미에서 보면 변증법의 일종이라고 할 수 있다. 누군가의 의견을 듣고 반론하는 것도 변증법이다. 그렇게 인간은 진리에 다가가는 것일지도 모른다.

중견 임원

듀이

초지일관해야 할까?

한 번 내뱉은 말은 꼭 지켜야 한다고 생각합니다만….

중견 임원

이런 말 하기 좀 뭣하지만…. 요즘 젊은 사람들은 너무 이랬다저랬다 해요.

'이 회사를 위해 한 몸 바쳐 일하겠다'고 할 땐 언제고, 금세 또 '다른 일을 하고 싶다'고 하질 않나, 이직한 지 얼마 되지도 않았으면서 '독립해서 프리랜서가 되고 싶다'고 하질 않나….

마음을 그렇게 손바닥 뒤집듯 쉽게 바꾸는 건 좋지 않다고 생각하는데 말이죠. 저만 이런 생각을 하는 겁니까? 여기에 대해서 꼭 이야기를 나눠 보고 싶군요.

'요즘 젊은 사람들'이라고 말씀하셨는데, 사실은 옛날에도 그랬습니다.

요약하자면, 한 번 다짐한 마음을 그렇게 쉽게 바꿔도 되냐는 것이지요? 저는 **'상황에 따라 바뀌어도 좋다'**고 생각합니다.

초지일관해야 할까?

YES
중견 임원

VS

NO
듀이

<<< ROUND 1 START! >>>

🙁 역시 인생은 한 번 마음 먹은 건 끝까지 밀어붙이는 게 제일이에요. 공자님께서도 《논어》, 〈이인편〉에서 이렇게 말씀하셨지요. "일이관지, 하나로써 꿰뚫어야 한다." 우리도 이렇게 살아야 하지 않겠습니까?

🙂 그건 '이상'에 불과합니다. 더구나 저 같은 미국인에게 한 가지 입장만 고수한다는 건 무척 어려운 일입니다. 인종만큼 가치관도 다양하니까요. 현대는 더욱이 변화가 격렬한 시대니 사고방식을 유연하게 가지지 않으면….

🙁 아니, 아니죠. 정보량이 많은 현대 사회야말로 초지일관이 통하는 시대예요. 자고로 휘둘리지 말고 소신을 지켜야 한단 말

이에요.

외람된 말씀입니다만, 생각은 도구이기 때문에 오히려 상황에 따라 바꾸는 편이 좋습니다. 도구주의라고도 하지요.

생각이 도구? 무슨 의미입니까?

사상이나 지식은 문제를 해결하기 위한 수단이며, 때에 따라 최적의 것을 구분해서 사용해야 한다는 사고방식을 말합니다.

도구주의(instrumentalism)

듀이는 지식, 사상, 논리를 '현실에서 부딪히는 문제를 해결하기 위한 수단', 즉 도구로 보았다. 도구주의에 따르면, 지식은 절대적인 것이 아니라 '검증 가능한 가설'에 불과하다. 즉, 지식이나 사상의 가치는 특정한 문제를 해결할 수 있는지에 따라 결정된다고 보았다. 또한 이를 판단하는 지성은 인간의 행동을 통해 검증된다고 생각했다.

가령 '카레는 매워야 한다'고 생각하는 사람이 있다고 합시다. 그가 이 생각만 고집하면 매운 것을 싫어하는 사람에게 달콤한 카레를 만들어주자는 발상은 나오지 않겠지요. 이처럼 사상이나 지식도 집념에 사로잡히지 않고 때에 따라 유연하게 바뀌어야 합니다.

하지만 이런 경우도 있지 않을까요? 생각이 변했다가 결국 비슷한 방향으로 되돌아가는 경우 말입니다. 그럼 다시 돌아가는 꼴인데, 주위에서도 탐탁지 않아 할 테고.

중계   초지일관을 유지할 것인지, 상황에 따라 유연하게 사고해야

할 것인지가 고민이네요.

해설   소크라테스 이후의 철학에서는 '변하지 않는 하나의 진리가

있다'는 사상이 주류였어요. 하지만 니체 이후의 철학에서

는 '절대적 진리 따윈 없다'는 상대적 사고방식이 강해졌죠.

듀이의 프래그머티즘(실용주의) 사상에서는 사고 그 자체를

뿌리째 바꿔야 한다는 경지까지 도달했고요.

중계   마이너스 드라이버가 들지 않으면 플러스 드라이버로 바꾸

라는 거네요. 마찬가지로 생각도 그런 식으로 교체하라는 뜻

이겠군요.

<«< ROUND 1 JUDGE! »>»

<«< ROUND 2 START! »>»

아니요. 그렇지 않습니다. 결론이 같아 보여도 이전과는 완전

히 같지 않기 때문이지요.

잉? 다시 돌아가는 건데, 시간 낭비가 아니다?

21세기를 살아가는 현대인을 위한 철학

예를 들어, 회사에서 서류를 전면 폐지하고 태블릿으로 교체했다고 할게요. 경비 절감이나 거래처 전송 문제를 해결하고자 태블릿을 통해 디지털 개혁을 하려 한 것이지요.

그런데 막상 그렇게 해 보니 회의 때도 그렇고 여러 면에서 종이가 더 편하다는 것을 깨닫고 다시 종이를 사용하는 방침으로 돌아왔다는 말씀이지요?

네. 우리 회사도 디지털 시대에 발맞춰 태블릿으로 바꿨지만, 종이가 없으면 이래저래 불편한 일이 많아서 태블릿의 자료를 종이에 인쇄하는 등 결국 종이도 함께 쓰게 됐어요. 괜히 바꿔서.

아니요. 그걸로 충분합니다. 처음에는 종이냐 디지털이냐, 어느 쪽이 진리인지 확실치 않았지요. 그러던 것이 임기응변으로 디지털과 종이를 상황에 따라 나누어 사용한다는 새로운 발상이 탄생하게 된 거예요.

그런가?

생각을 바꾼 덕분에 처음에는 '종이를 사용하는 게 옳은 걸까?'라는 불확실한 상황, 다시 말해 '의심'이 드는 상황이었는데, '역시 종이가 좋았다'는 사실을 깨닫게 된 것이지요. 그런 다음 상황에 따라 태블릿과 종이를 유연하게 사용하자는 생각에 이르게 되었고요. 이것은 새로운 신념에 이르렀다 할 수 있습니다. 물론 이 또한 바뀌겠지만요.

신념

듀이가 언급한 '신념'이란 '어떤 사실이 신뢰 가능한가, 가능하지 않은
가'라는 진리에 관한 개념이다.

현시점에 '옳다'고 여겨지는 것이라도 늘 의심을 품고 있다. 다시 말해
'옳다'고 여겨지는 것도 단순히 '현시점에서의 진리'이기 때문에 실제
로는 '가설'인 셈이다. 따라서 이러한 '가설'은 과학적 검증이 이루어
지면 새로운 진리로 바뀌게 된다.

돌고 돌아 비슷한 결론이 나더라도 어차피 '신념'으로 바뀌게
될 테니 좋다는 뜻인가요?

그렇습니다. 인간의 사고는 말하자면 모순이 존재하는 불확실
한 현상에서 모순이 없는 확실한 상황에 이르게 되는 탐구입니
다. '옳은 것'은 탐구를 통해 얻을 수 있으니 진리는 무한으로 향
하는 탐구의 한 과정이 되는 것이지요.

옳은 것이란 쉽게 변하지 않으니까 진리라고 하는 건가….

그건 소크라테스 이후의 오래된 사상입니다. 새로운 철학에서
는 '진리'라고 불리는 것이 계속 바뀌게 되지요.

그럼 앞에서 다룬 예시 같은 경우는 역시 디지털 쪽이 편리하다
는 말이 됩니까?

그 경우는 실험 검증을 거쳐 다시 디지털로 돌아간 것입니다.
그 디지털 시스템도 언젠가는 또다시 검증을 거치고, 새로운
형태의 무언가가 출현할 수도 있겠지만 말이죠.

너무 쉽게 변하면 별 믿음이 안 갈 것 같은데….

아니요. 그러한 지성 또한 '생활을 개선하는 도구'입니다. 지성이라는 도구는 실험적 지성이라고 부르지요.

KEYWORD

실험적 지성(창조적 지성)
도구주의에서는 인간과 환경의 관계가 불안정해지면 이를 해결하기 위한 탐구가 시작되며, 이 과정에서 지성이 작용한다고 본다. 인간의 지성은 구체적인 전망을 세워 문제를 해결하려 하며, 이러한 특성을 실험적 지성(창조적 지성)이라 한다.

한 가지에만 사로잡혀 있지 말고 문제가 생길 때마다 유연하게 사고를 조정하는 것이 '지성'이라는 말씀이신가요?

그렇습니다. 하나의 생각에 사로잡혀 그것이 절대적으로 옳다고 믿는 태도가 가장 위험하지요. 지성의 가치는 유효성, 즉 실제로 도움이 되는 데에 있습니다. 그렇게 실천해 나가며 얻은 결과를 통해 옳고 그름을 판단하게 되는 것이지요.

흐음…. 처음에는 헛소리라고 생각했는데, 당신의 주장은 요즘 세상에 유용할지도 모르겠군요. 당신을 우리 회사에 스카우트하고 싶네요.

말씀은 고맙지만 사양하겠습니다.

Tip 태평양 전쟁 직후 일본에서는 미국 교육 사절단에 의해 교육 개혁이 시행되었다. 개혁안에는 진보주의적인 듀이의 교육론이 포함되어 있었다.

중계   결국 듀이 선생님 쪽으로 의견이 기울었지만, 중견 임원 씨의 포스도 대단하네요. 디지털 같은 신기술은 자칫 '무조건 옳다'는 생각에 빠지기 쉬운데, 그런 상황에서 실험해 나가며 유효한 쪽을 선택한 점에서 의미 있어 보여요.

해설　네. 어떤 것이 절대적으로 옳다고 믿는 태도는 지양해야겠죠. 얼핏 옳은 것처럼 보이더라도 하나의 가설이라고 생각하는 것이 중요해요. 이런 사고방식은 과학에도 적용되고요.

중계　그리고 보면 과학사에서도 한때 옳다고 여겨졌던 것들 중에서 오류가 발견된 사례가 많았죠.

«« ROUND 2 JUDGE! »»

생각을 도구로 이용하라!

존 듀이(1859~1952) ··· 미국의 철학자. 프래그머티즘 사상가. 교육과 사회 개혁을 중시했다. 저서로는《철학의 개조》등이 있다.

결과가 좋으면 진리가 되는 철학, 프래그머티즘

듀이가 자신의 철학을 프래그머티즘^{pragmatism}(실용주의)이라고 부른 것은 아니지만, 프래그머티즘 하면 퍼스, 제임스, 듀이 이 세 사람이 자주 언급된다. 프래그머티즘은 실제주의, 실용주의 등으로 번역되며, '실천'에 따라 진리를 획득하려는 사고방식이다. 제임스는 퍼스의 사상(관념은 결과로 알 수 있다)을 발전시켰으며, 인생에 실제로 유용한 것을 진리라고 생각했다. 즉, 결과가 좋으면 그것이 진리가 된다는 것이다. 듀이는 퍼스와 제임스, 다윈 등의 영향을 받아 이러한 사상을 더욱 발전시켰다.

'사고'는 도구라는 새로운 철학

듀이는 '사고'란 환경을 조절하기 위한 도구라고 표현했다. 이러한 사상은 다음의 5단계를 통해 구체적으로 설명된다.

① 의심이 드는 문제 상황이 발생한다.

② 문제를 설정한다.

③ 문제를 해결하기 위한 가설을 제시한다.

④ 추론에 의한 가설을 재구성한다.

⑤ 실험과 관찰을 통해 가설을 검증한다.

그는 이러한 입장을 도구주의 instrumentalism 라고 명명했다. 이는 사고를 하나의 수단으로 바라보는 관점으로, 어떤 생각이 효과적이면 계속 활용하고, 문제가 발생하면 기존의 사고를 버리고 새로운 개념을 적용하면 된다고 본다.

교육을 중시한 듀이

듀이는 '철학자는 사회에 승인된 다양한 가치와 이상을 그 결과에 비추어 음미해야 한다'고 생각했다. 대립의 해결을 시도해 보고 새로운 가능성을 향한 길을 제시할 것을 주장한 것이다.

듀이는 이러한 사상을 교육에도 적용했다. 그는 교육의 획일성을 비판하면서 아이들의 성장과 활동에 중점을 두어야 한다고 주장하며, 인간의 자발성을 중시했다. 듀이에 의하면, 학교는 '소형 사회'이며, 수업을 통해 문제 해결을 학습하고, 다양한 가치관을 가져야 한다. 또한 그의 교육관에 따르면 논쟁도 권했다.

프래그머티즘의 이상은 현재진행형!

프래그머티즘의 사상은 현대에도 널리 퍼져 있다. 퍼스, 제임스, 듀이 등의 고전적인 프래그머티즘을 거친 후, 20세기 초반부터 중반까지 새로운 프래그머티즘이 주장되어 네오프래그머니즘으로 불리고 있다. 그리고 현대에 이르기까지 리처드 로티를 비롯한 다양한 미국 철학자에 의해 계속해서 확대되고 있다. 프래그머티즘에 관심이 있다면 부디 생활에 적용해 보기 바란다.

초식남

플라톤

연애를 꼭 해야 할까?

연애 지상주의가 지긋지긋해요.

초식남

전 연애에는 그다지 적극적이지 않습니다. 지금까지 별 필요성을 못 느꼈거든요. 맨날 사랑 타령이나 하는 연애 지상주의가 싫습니다.

요즘은 재미있는 것도 많잖아요. **혼자서도 충분히 즐기며 살아갈 수 있는 시대예요.** 연애보다 재밌는 즐길 거리가 얼마나 많은데요.

결혼하면 돈도 많이 들잖아요. 더구나 필요성을 전혀 못 느끼겠어요. 최근에 저 같은 사람들이 늘어나는 추세고요.

연애보다 재밌는 게 많다는 사람도 있는데, **난 연애가 재미라기보다 일종의 '수행'이라**고 생각해.

연애를 하면 정신적 사랑을 배우게 되고, 그것이 곧 궁극의 아름다움이나 선善의 앎으로 이어지지. 이 부분은 함께 논의하며 자세히 설명하겠네.

연애를 꼭 해야 할까?

초식남 **VS** 플라톤

<<< ROUND 1 START! >>>

요즘 청년들은 연애를 잘 하지 않나 보군. 고백도 하지 않는다는 건가.

네. 저도 연애는 불필요하다는 주의예요. 고백했다가 차일 염려도 없고, 귀찮게 데이트 코스 짜지 않아도 되고. 무엇보다 연애에 실패할까 봐 두려워서 못하겠어요.

아, 안타깝구먼. 고대 그리스에서는 연애를 굉장히 중시했거든. 내가 쓴 《향연》에는 〈대화편〉이 있는데 이것도 연애론이라네. 연애를 통해 영혼을 고취하라는 이야기가 담겨 있지.

《향연》

플라톤의 저서. 아테네의 비극 작가 아가톤의 저택을 무대로 한 〈대화
편〉이다. 플라톤의 스승인 소크라테스와 친구들이 식사가 끝난 후 연
애에 대한 이야기를 하는 내용이다.

🧑 영혼을 고취하라고 하셨는데 연애는 그런 고상한 게 아닌 것 같
아요.

🧓 내 생각은 그렇지 않네. 게다가 연애를 하지 않으면 결혼도 할
수 없잖나?

🧑 상관없어요. 요즘 사람은 결혼도 주저하거든요. 일부 조사에
따르면, 사람의 행복도는 결혼 여부와 상관없이 돈을 얼마나
가지고 있느냐로 결정된대요. 다시 말해 '결혼=행복'이라고 할
수 없는 거죠. 요즘은 오락거리도 많고, 연애나 결혼을 한다고
해서 반드시 좋으리라는 보장도 없으니까요.

중계 확실히 돈이 있으면 자유롭게 살아갈 수 있을 것 같네요. 최
근 들어 초식남 씨 같은 사람이 정말 많아진 듯해요.

해설 네. '혼자서 외롭지 않겠냐'는 말들도 있지만, 과학 기술이 발
달한 현시대는 사람과 함께 사는 AI나 로봇도 등장하니 그
런 걱정은 기우일지도 모르겠어요.

아까부터 연애와 결혼의 장단점을 말하고 있는데 그건 연애를 '쾌락'으로 파악하고 있어서가 아닐까. 연애란 본디 '쾌락'이 아닌 '수행'에 가까우니까 말이야.

네? 연애가 수행이라고요? 저는 연애를 지향하지 않지만, 연애하는 사람이 많은 이유는 쾌락 때문이 아닌가요? 인간은 본능적으로 쾌락을 추구하도록 설계되어 있으니까요. 수행이라니, 이해가 안 돼요.

그럼 아까 자네가 말한 '고백'하는 행동은 '즐거움'인가? '고통'인가? 자네는 싫다고 하긴 했지만.

둘 중 택하라면 '고통'이요.

그럼 고백에 성공해서 데이트 약속을 잡고, 데이트 장소나 맛집을 찾는 행동은 '즐거움'인가? '고통'인가? 그리고 마침내 데이트를 하게 되었을 때, 데이트가 잘 되어가는지 생각하면서 행동하는 것은 '즐거움'인가? '고통'인가? 꽤 신경은 쓰이겠지만 말이야.

확실히 그러지 않을까요. 뭐, 즐거운 마음으로 데이트 계획을 짜는 사람도 있겠지만, 실패하지 않으려면 미리 여러 가지 준비를 해서 신경을 써야겠죠.

그래. 여기저기 가게를 찾아 계획을 세우고 비용도 계산해 봐야 하니까. 그렇게 했는데도 데이트를 망칠지 모르고. 이런 일에 사서 고생을 하는 셈이니 괴로울 순 있겠지. 그래서 근본적으로 연애는 '무언가를 얻기 위해 필요한 수행'이라고 생각한다네.

하지만 그러한 과정 끝엔 쾌락이 있는 거 아닌가요? 연애 수행을 하면 또 뭘 얻을 수 있나요?

진정한 사랑을 얻을 수 있지. 서로 사랑하는 사람끼리는 바라만 보고 있어도 행복하잖나. 또 긍정적인 대화를 나누고, 서로를 신뢰하고 배려하며 고통도 함께 나누지. 서로 깊이 사랑하니까 말이야. 연애는 이런 것들을 배우기 위한 수행이라고 할 수 있다네.

과연 그럴까요? 현실에서는 대다수 사람이 그저 욕망에 이끌려 연애한다고 생각되는데요.

아니야. 욕망에서 시작된 사랑이 '영혼에 대한 사랑'으로 발전해 나가는 것이 진정한 연애의 과정이라네. 애인과 사랑도 하고 싸움도 하면서 점점 사랑을 키워나가는 것이지.

연애 뒤에는 결혼이 따를 수도 있는데 그것도 수행인가요?

그렇다네. 연애도 결혼도 영혼을 드높이는 과정이야. 결혼 후에 아이가 생기면 그 아이도 자라서 연애하고 결혼하겠지. 그렇게 인류는 계속해서 현시대까지 살아온 게야. 자네라는 존재 또한 그런 연애의 결실인 셈이지.

중계   그렇죠. 부모님의 결혼으로 초식남 씨가 존재하는 건 틀림없는 사실이니까요.

해설   네. 남녀의 사랑을 통해 태어난 사람이 자신은 그런 사랑을 하지 않겠다니, 인간 존재의 본질적인 측면에서 보면 어떤 의미일까요?

<<< ROUND 2 JUDGE! >>>

<<< ROUND 3 START! >>>

그리고 연애에는 좀 더 깊은 의미가 있다네. 바로 '에로스'지.

에로스요?

발음에 주의하게. '에'를 너무 강하게 발음하지 말고 '에로스'처

럼 뒤쪽에 힘을 넣고 길게 빼면서 말이야. 오늘날의 에로스와
는 의미가 다르니까. 나는 에로스, 즉 '현실을 초월한 이상의 추
구'야말로 연애의 의미라고 생각한다네.

에로스

에로스는 '사랑·연애'를 뜻하는 그리스어다. 이 용어는 원래 '어떤 대
상에 가치를 인정하고 그것을 획득하고자 하는 욕구·행동'을 의미했
다. 플라톤은 이러한 에로스의 의미를 보다 발전적으로 '궁극의 이상을
동경하고 그것을 취하고자 하는 철학적 행동'이란 의미로 사용했다.

인간은 연애를 통해서 육체적 사랑부터 최종적으로 궁극의 선·
미善·美를 인식하려 했다네. 그러니 연애를 하지 않겠다는 말은
이런 기회를 놓치게 될 수도 있다는 말일세.

궁극의 선·미라는 게 뭔가요?

바로 이데아라네. 이데아란 현실 너머에 존재하며, 아름다움이
나 사랑 등 모든 사물의 이상적인 존재 방식을 제시한다네.

이데아

플라톤이 제시한 '이데아'란 본질적 세계를 초월한 곳에 존재하는 영원
불변의 진실재(다른 세계에 있는 사물의 존재)다. 플라톤에 의하면, 이
데아는 진리, 아름다움, 정의 등을 말한다. 모든 현실 세계의 사물은 불
완전한 모방이며, 이데아 세계에 존재하는 이데아야말로 완전한 존재
로 여겨진다. 이러한 이데아에 대한 동경을 '에로스'라고 불렀다.

현실 세계에 있는 물질은 성장하고 소멸한다네. 우리도 세월이 흐르면 결국 죽음에 이르게 되지. 하지만 세계 자체가 사라지는 건 아닐세. 왜냐하면, 현실 너머의 세계를 만들어내는 본체가 존재하기 때문이지. 그것이 이데아라네.

뭔가 미심쩍은데요. 현실 세계 너머에 존재하는 이데아라….

이해하네. 도형을 예로 들어보지. 자네는 '완전한 삼각형'을 본 적이 있는가?

완전한 삼각형이요? 교과서에 있지 않나요?

아니, 우리가 본 삼각형은 실은 확대하면 모서리가 울퉁불퉁해. 수학 교과서에 실린 삼각형은 인쇄물이라서 그렇다네.

하지만 CG 같은 기술로 정교하게 그리면 깔끔한 삼각형을 만들 수 있지 않나요?

본래 선은 폭을 가지지 않으며, 점도 면적을 가지지 않는다네. 아무리 CG로 정교하게 그린대도 폭이나 면적은 나오지 않아. 말하자면, 현실 세계에 완전한 것은 존재하지 않는 셈이지.

그럼 완전한 삼각형은 없다는 말씀이신가요? 제가 교과서에서 본 것은 삼각형이 아니라는?

아니, 현실 세계에 완전한 삼각형은 없어도, 우리는 머릿속에서 완전한 삼각형을 그릴 수가 있지. 그래서 현실 세계의 불완전한 도형을 봐도 정확하게 인식할 수 있는 것일세.

이러한 사실을 알 수 있는 것도 감각을 초월한 이성이 작용해서라네. 완전한 삼각형의 존재는 현실 세계에 존재하지 않아. 이

성을 통해 파악할 수 있는 삼각형이 '삼각형의 이데아'이며, 그
이데아가 존재하는 영역이 이데아계라네.

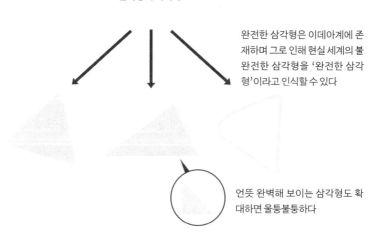

삼각형의 이데아

완전한 삼각형은 이데아계에 존
재하며 그로 인해 현실 세계의 불
완전한 삼각형을 '완전한 삼각
형'이라고 인식할 수 있다

언뜻 완벽해 보이는 삼각형도 확
대하면 울퉁불퉁하다

이데아계에 완전한 것이 존재한다는 말씀인가요? 그럼 이 현실
세계는 무엇이죠?

이 현실 세계는 그림자라 할 수 있네. 본체는 이데아계에 있고.
요즘 시대로 친다면 가상현실 같은 것이지.

동굴의 비유

플라톤은 이데아론의 예시로 '동굴의 비유'를 사용해 설명했다. 동굴
안에서 벽만 볼 수 있도록 사람들을 묶어두고 그 사람들 뒤에서 불을 비
출 경우, 사람들은 그 불에 의해 생긴 그림자만을 실체라고 믿는다. 이
데아론에 따르면, 현실 세계는 그림자와 같은 것으로 본체(이데아)는
다른 곳에 존재한다는 사고방식이다.

KEYWORD

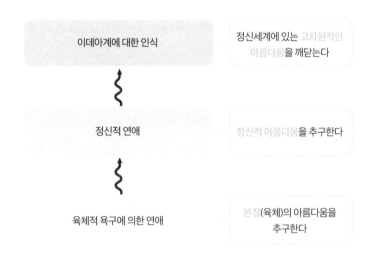

그런 사고방식도 있군요. 하지만 그게 제가 연애하는 거랑 무슨 상관이 있나요?

아까부터 그걸 말하고 싶었네. 이데아는 본질을 초월한 고차원적 존재일세. 사람들은 연애를 통해 물질인 육체를 향한 욕구에서 이윽고 정신적 연애를 배우고, 그것이 물질을 초월한 이데아에 대한 인식으로 연결되는 것이라네.

남자나 여자 모두 늙으면 육체적인 아름다움은 사라지지. 하지만 두 사람이 이데아를 이해하면 육체의 아름다움을 넘어서 정신적 유대를 이어 나갈 수 있게 된다네. 그리하여 물질세계의 낮은 단계인 아름다움에서 정신세계, 즉 이데아계를 향한 높은 단계의 아름다움으로 비상할 수 있게 돼. 이러한 이데아를 추구하는 마음이 에로스인 셈이지. 따라서 연애란 이데아에 도달

이데아계에 대한 인식 — 정신세계에 있는 고차원적인 아름다움을 깨닫는다

↑

정신적 연애 — 정신적 아름다움을 추구한다

↑

육체적 욕구에 의한 연애 — 본질(육체)의 아름다움을 추구한다

연애를 통해 서서히 정신적 세계(이데아계)를 깨우치게 된다

21세기를 살아가는 현대인을 위한 철학

하기 위한 일종의 수행인 것이야.

연애는 이데아를 이해하기 위한 수행이다. 그러니까 힘든 게 당연하다는 말씀인가요?

그렇지. 나의 스승인 소크라테스에게는 크산티페라는 이름을 가진 아내가 있었어. 그런데 정말 지독한 부인이었다네. 어느 날은 병에 든 오줌을 소크라테스의 머리에 뿌렸다지? 떠도는 소문이지만 말이야.

어찌 그런 아내가….

스승님이 밖으로만 돌며 철학적 문답에만 빠져 계셨으니 그랬을지도…. 하지만 스승님은 이렇게 말씀하셨다네. "악처와 살면 좋은 철학자가 될 수 있다." 그래도 너무 심한 것 같지만, 아무튼 분명한 건 연애나 결혼은 보다 고차원적인 목표를 위해 필요한 수행이라네.

어차피 전 철학자가 될 마음은 없어서요. 하지만 연애가 수행이라는 건 뜻밖의 관점이었어요. 좀 더 생각해 볼게요.

중계   플라톤의 '이데아', 어디서 들어보긴 했는데 연애와 관계가
         있다는 건 의외였어요.

해설   네. 플라톤의 이데아론은 모든 철학에 영향을 준 근본 사상
         이에요. 이러한 사상을 토대로 새로운 철학들이 출현했으니
         까요. 이렇게 해서 플라톤의 철학은 현대에 이르는 철학사로
         이어지죠.

Tip 플라톤은 원래 정치가가 꿈이었다. 그런데 스승인 소크라테스가 사형당하자 철학자가
되기로 결심했다는 설이 있다.

21세기를 살아가는 현대인을 위한 철학

에로스는 영원불변의 이데아를 추구하는 사랑이다

플라톤(기원전 427~기원전 347) ⋯ 아테네의 명문가 출신. 고대 그리스의 철학자. 저서로는 《소크라테스의 변명》, 《크리톤》, 《고르기아스》, 《국가》 등이 있다.

보편적 진리는 어딘가 존재한다

플라톤의 대화편 〈메논〉에는 소크라테스가 한 소년과 기하학에 대해 문답을 나누는 장면이 있다. 그런데 뜻밖에도 교육을 받지 못한 노예 소년이 기하학을 증명해내고 만다. 소년은 기하학적 원리를 선천적으로 알고 있었던 것이다. 플라톤은 이와 마찬가지로 진眞, 선善, 미美 등의 개념도 모든 사람이 이미 내면에 지니고 있다고 보았다. 이렇듯 세계의 진리는 인류가 제멋대로 정해놓은 것이 아니라 보편적이고 절대적으로 존재하고 있는 것은 아닐까. 플라톤은 이를 '이데아'라고 표현했다.

연애를 통해 '이데아'에 도달할 수 있다?

플라톤은 대화편의 〈향연〉에서 연애론을 전개했다. 이 책은 플라톤의 스승인 소크라테스와 여러 남성이 모여 연애에 대해 이야기를 나누는 형식으로 되어 있다.

이 책의 클라이맥스에 이르면, '인간은 언젠가는 늙는다'라는 취지의 내용이 쓰여 있다. 플라톤은 이를 바탕으로, 인간이 연애하는 이유는 결국 언젠가 소멸할 존재이기에 영원한 것(이데아)을 갖고 싶어 하기 때문이라고 주장했다.

영원을 바라는 욕구, '에로스'

이렇듯 영원한 것을 동경하는 욕구를 플라톤은 '에로스'라고 불렀다. 돈과 명성 따위를 얻길 바라는 마음도 에로스와 관련이 있다. 결국, 미래 영겁에 걸쳐 무언가를 손에 넣고 싶어 하는 욕망 자체를 에로스로 정의한 것이다.

누구나 영원불변의 이데아를 깨우칠 수 있다

에로스는 연애와 이상적인 개념(이데아) 사이에서 어떤 관계가 있을까? 플라톤에 따르면, 연애를 하면 일단 사람은 '육체를 사랑하는 사람'이 된다. 그런 다음 육체의 아름다움보다 '영혼의 아름다움'이 더 귀하다는 사실을 깨우치게 된다. 영혼의 아름다움을 깨닫게 되면, 모든 인간 존재 안에 보편적인 아름다움이 내재되어 있다는 사실을 알게 된다.

이처럼 다양한 아름다움의 순서를 따라 점점 영역을 넓혀가는 것이 '에로스(사랑)의 길'이다. 그리고 이 길을 따라감으로써 누구나 문득 '경탄할만한 아름다움의 본성(이데아)'과 만나게 된다고 여겼다.

우리가 누군가를 사랑하는 이유는 생성되고 소멸하는 이 덧없는 세계(현상계)에서 영원불멸한 존재로서 이데아를 추구하고 있기 때문이다. 이데아론은 철학사에 지대한 영향을 미쳐 '서양 철학의 역사는 플라톤의 주석에 불과하다'고 말한 철학자도 있을 정도다.

현실주의자

알랭

꼭 행복을 추구해야 할까?

SNS의 '저 행복해요'라는 어필에 모두가 지쳐 있어요!

✳

현실주의자

요즘은 **'행복해야 한다'**라는 **동조 압력**을 느껴요. 인스타를 열면 모두 그럴듯한 사진뿐이고, 트위터에는 순 자기 긍정감을 높이는 노하우뿐이라, 마치 행복하지 않으면 인생이 끝나기라도 하는 것처럼 느껴져요.

행복해지는 게 나쁘다는 건 아니지만, 인생이란 게 마냥 잘 풀리지만은 않잖아요? **'행복' 어필뿐인 SNS는 취할 건 취하고 버릴 건 버리는 게 중요**하다고 생각해요.

저는 **'행복해지는 건 의무'**라고 생각해요. '행복만을 좇다 보면 오히려 불안하지 않을까?'라는 의견도 있지만, **행복이라는 건 '현실이 어떠한가'보다 '그것을 어떻게 생각하는가'가 중요**한 것입니다.

꼭 행복을 추구해야 할까?

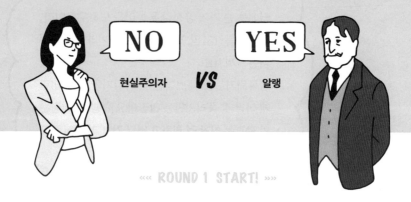

NO ㅤ VS ㅤ YES

현실주의자 ㅤㅤ 알랭

<<< ROUND 1 START! >>>

행복을 추구해야 한다…. 그래서 행복해진다면야 뭐가 문제겠어요. 그런데 현실은 그게 아니니까 행복에 너무 집착할 필요는 없다고 생각해요.

그런가요? 심각한 불행을 행복으로 바꾸는 건 어렵겠지만, 딱히 문제도 없는데 불평이나 하며 자신을 불행하게 만드는 사람도 많아요. 저는 이런 사람의 불행을 행복으로 바꾸는 소소한 방법들을 말하려는 겁니다.

그래요? 그야 돈 있고, 맛있는 음식 먹고, 건강하고, 여행 다니고, 인간관계까지 좋으면 행복하겠죠. 하지만 대부분의 인생이 그렇지 않잖아요. 있지도 않은 환상을 좇아서 살기보다 하루하

루 착실하게 살아가는 편이 더 성실하지 않나요?

내 철학을 비판하는 사람들은 흔히들 그렇게 말합니다. '현실을 직시하고 착실하게 살라'고요. 하지만 행복이란 '자신의 외부에서 일어나는 일을 내부에서 어떻게 받아들이냐'로 결정되는 것입니다.

행복은 내부에 있는가? 외부에 있는가?
알랭에 의하면, 외부에서 일어나는 불쾌한 일에 휩쓸려 반응하는 사람은 결코 행복해질 수 없다고 했다. 즉, 행복과 불행은 마음속에 존재하는 것이기에 싫은 일에 휘둘리지 않아야 한다는 것이다.

하지만 현실적으로 싫은 일들만 많을 때도 있잖아요. 그런데 그걸 무시하고 좋은 것만 보라니, 현실 도피 아닌가요?

그런 비판도 일리가 있지요. 하지만 내가 제시한 행복론의 방법을 사용해 본다면 세상을 보는 시각이 달라질 겁니다. 애초에 불가능한 일이라고 확신하는 듯한데, 당신은 행복해지겠다고 다짐해 본 적이 있나요?

없어요. 애당초 별로 행복하지 않은 상태에서 '행복해지자!'라고 다짐하는 건 부자연스럽잖아요.

그럼 당신은 행복해지기 어려울 수도 있겠네요. 일단은 아무런 다짐도 없이 행복해지려는 생각을 고쳐야 합니다. 행복해지려면 노력이 필요하니까요.

아뇨. 행복이란 '즐거워지는 일'이잖아요. 노력은 힘든 일이고요. 행복해지기 위해 힘든 노력을 해야 한다는 건 모순 아닌가요? 자연스럽게 행복해지고 싶은 사람이 많을 텐데요. 그런 의미에서, 제 말은 그런 건 현실적이지 않으니까 적당한 체념이 필요하단 거예요.

중계 　행복해지려면 어떻게 해야 할까? 이건 누구에게나 흥미로운 주제겠네요.

해설 　네. 알랭 선생님은 자신의 마음을 파악하는 방법으로 어느 정도 행복을 얻을 수 있다고 주장하고 있어요. 반대로 현실주의자 씨는 객관적으로 현실을 직시해야 한다는 입장이고요.

중계 　행복해지려면 문제를 바라보는 시각을 바꿔야 한다는 게 알랭 선생님의 의견인데…. 정말 이게 가능한 일일까요?

해설 　네. 가능해요. 의식의 변혁을 주장한 예수, 부처, 소크라테스 같은 사상가들의 힘은 세계사에 막대한 영향을 주었지요. 자기 내면을 깨닫고 사물을 보는 방식을 바꾸는 건 충분히 가능한 일이에요.

중계 　그렇군요. 하지만 현실주의자 씨는 자연스럽게 행복해지고 싶다는 일반적인 생각을 말하고 있는 것 같아요.

자연스럽게 행복해지고 싶다고 했는데, 마음이란 내버려 두면 반드시 부정적으로 향하게 마련입니다. 그래서 늘 자신의 마음을 감시하고, 긍정적인 생각을 가져야 해요. 이제 좀 와닿나요?

음, 알 것 같기도 하고….

인간은 기본적으로 매사 부정적으로 해석하는 경향이 있어요. 어떤 상황에서건 슬픈 이유를 갖다 붙이거나, 무슨 말을 듣건 상처를 받는 사람이 많지요.

KEYWORD

슬픔의 맛을 음미한다
알랭은 인간의 마음은 내버려 두면 매사 부정적으로 받아들이는 경향이 있다고 주장하며, 이를 '슬픔의 맛을 음미한다'라고 표현했다. 인간은 고통스러운 일을 곱씹기 때문에 그로 인해 고통이 더욱 심해지게 된다고 생각했다.

하지만 자연스러운 마음의 흐름에 억지로 저항하는 건 찬성할 수 없어요. 어떻게 긍정적인 생각을 가지죠?

다 방법이 있지요. 예를 들어, 당신이 직장에서 안고 있는 문제가 있다고 칩시다. 그 문제를 집까지 가져가 끙끙대면 고민은 더 커지겠지요.

그러면 생각이 꼬리에 꼬리를 물게 될 테고요. 그런데 이것을 복통처럼 시간이 지나면 해결된다고 생각해 보세요. 마음이 편안해질 겁니다.

하지만 그랬다가 사태가 안 좋아지면 어떡하죠? 주변에 무책임하다는 인상을 줄지도 모르고요. 그리고….

잠깐만요! 그렇게 자신에게 아직 일어나지도 않은 일들을 생각하며 상상 속의 고통을 낳게 되면 불행해지기 쉽습니다. 아직 그 고통이 현실에서 일어나지도 않았는데 말이지요.

아….

그러니 상상력을 자제하고 자신이 '비극의 주인공'이 되는 것을 피해야 합니다.

중계 앞서 인간은 내버려 두면 생각이 부정적으로 흘러간다고 했는데, 왜 그럴까요?

해설 여러 가지 설이 있지만, 원시시대 때부터 인간이 지닌 방어 본능 때문이라는 설이 가장 유력해요. 원시인은 자연의 맹수에게 노출되어 있으니 항상 경계가 필요하잖아요. 그때 최악의 사태를 예상하고 대처하려는 방어 본능이 몸에 배서 그런

21세기를 살아가는 현대인을 위한 철학

듯해요.

중계　그렇군요. 그럼 인간에게 필요한 기능이겠네요?

해설　그런데 요즘 시대에는 갑자기 맹수의 공격을 받을 일이 없으
니까요. 말하자면 현대인은 걱정할 필요가 없는데도 본능적
으로 걱정을 하는 거죠. 현실주의자 씨가 그 전형적인 예라고
할 수 있겠네요.

«‹‹ ROUND 2 JUDGE! ›››

«‹‹ ROUND 3 START! ›››

어떤가요? 사소한 걱정이 불행을 불러일으킨다는 사실을 이제
아셨나요?

뭐, 글쎄요….

행복해지려면 텐션을 끌어올려야 해요. 즉, 정념을 제어해야
한다는 이야기지요.

정념?

저는 데카르트라는 철학자의 사상을 자주 소개하는데, 이 데카

르트가 '정념'을 중시했지요.

정념

정념이란, 감정보다 더욱 근본적인 마음의 움직임이다. 정념에는 놀람, 사랑, 증오, 욕망, 기쁨, 슬픔의 6종류가 있다. 알랭은 이러한 정념을 제어하면 행복해진다고 설파했다.

정념이 폭주하지 않도록 제어하는 것이 행복해지는 요령입니다. 예를 들어, 상사에게 어떤 불합리한 일을 강요받았다고 할게요. 그럴 땐, '이 일이 나중에 좋은 일로 이어질지도 모른다, 뭔가 도움이 될 수도 있다'라고 어쨌든 좋은 쪽으로 생각하라는 것이지요.

그게 현실적으로 가능한가요?

긍정적 언어와 상상력을 발휘하는 게 포인트예요. 또 몸과 정념의 관계도 중요해요. 정념 제어법 중 '일단 웃는다'는 방법도 추천합니다.

즐겁지도 않은데 웃으라고요? 이해가 잘 안 되네요. 실없는 사람처럼 보일 것 같은데….

그렇지 않아요. 행복해서 웃는 게 아니라 웃어서 행복해지는 겁니다. 몸과 마음은 이어져 있어서 미소 짓는 것만으로도 행복을 느낄 수 있어요.

‘행복해서 웃는 게 아니라 웃어서 행복해진다’라는 알랭의 주장은 언뜻 황당해 보이지만, 근래 들어 다양한 과학적 근거들이 나오고 있다. 웃을 때는 보통 뇌에서 웃음이라는 전기 자극으로 웃는 표정 근육을 끌어 올리는데, 반대로 웃는 표정 근육을 끌어올리면 뇌 속에 웃는 감정을 불러일으킨다는 설도 있다.

POINT

🧑‍🦰 정신적 고통을 웃어넘긴다니, 오히려 더 애쓰는 느낌이 드는데요?

🧑 대다수 사람은 불행의 원인이 몸보다는 정신에 있다고 생각하기 쉽지요. 하지만 우울한 원인이 정신이 아닌 몸에 있다는 사실을 알게 되면 마음이 좀 편해질 겁니다. 실제로 이유 없이 기분이 처지는 날, 실은 미열 때문이라는 사실을 알게 되면 마음이 조금 가벼워지겠지요.

🧑‍🦰 그럼 확실히 마음이 놓이긴 하겠네요. 구분하긴 어렵겠지만요.

🧑 그래요, 어렵지요. 하지만 중요한 건 기분이 처지는 이유가 형체가 있는 몸에 있는지, 정신적인 마음에 있는지부터 알아내는 거예요. 그래서 진짜 마음의 문제라면 ‘기분이 좋아지는 법’ 같은 대처법을 사용하는 것이 좋습니다.

```
이유없이 기분이 나쁘다…

    ✕ ----→  무조건 정신에 문제가 있다고 생각한다

    → 신체적 이유인가? → 몸 상태를 정돈한다

    → 정신적 이유인가? → 시간이 지나기를 기다린다
                      → 일단 웃어 본다
                      → 기분이 좋아지는 법을 사용한다

                                          etc…
```

기분이 좋아지는 법

KEYWORD

알랭이 제기한 '기분이 좋아지는 법'에서는 모든 일을 좋은 쪽으로 해석한다. 싫은 일이 있어도 긍정적으로 바라보고, 자신이 그 싫은 일을 어디까지 긍정적으로 변환할 수 있는지 도전하는 것이다. 더 나아가서는 싫은 상황에 기꺼이 뛰어들 수 있어야 한다고 했다.

그리고 '불평하지 않는 방법'도 추천합니다. 불평하는 행동은 스스로 자신의 불행을 재확인하는 거나 다름없으니까요. 그것이 피드백이 되어 괜히 불행한 기분에 휩싸이기 쉽습니다. 그러니 작은 일에도 감사하고 긍정하는 마음을 가져야 해요.

불평하지 않을 때 얻는 이점은 현대의 심리학과 뇌과학에서도 제기되고 있다. 불평불만을 말하면 그 말을 자신의 뇌가 한 번 더 듣게 되기 때문에 부정적 자기 선언이 되어 버린다.

'몸과 마음 중 어느 쪽에 원인이 있는지 찾아야 한다'라는 것은 이해했는데, 기분이 좋아지는 법부터는 좀 억지 같아요. 왜 그렇게 하면서까지 행복해져야 하나요?

'사람이 행복해지는 건 의무'니까요. 행복해지는 편이 나은 게 아니라, 반드시 행복해져야 해요. 왜냐하면, 당신이 행복해지면 그 파동이 주위로 퍼져나가 주변 사람도 행복해지기 때문입니다.

행복해지는 게 '의무'라니, 생각보다 더 엄격한 사고방식이네요. 무슨 말씀인지는 알겠는데 솔직히 실천하기 어렵다고 생각하는 사람이 대부분일 것 같아요.

Tip 제1차 세계대전이 발발하자 알랭은 46세에 자진해서 지원병이 되었다. 또한 전쟁이 얼마나 나쁜 것인지를 경험하려고 일부러 위험한 전선에서 종군했다고 한다.

중계　'행복이 의무'라는 건 새로운 가치관이네요. 그렇지만 뭔가
　　　 행복에 대한 자기 계발 강연 같기도 해요.
해설　그래서 요즘 자기 계발 강연에 알랭의 행복론이 들어 있는
　　　 거예요. 긍정적 사고의 원조라고나 할까요.

중계 실제로 효과가 있을까요?

해설 상당한 에너지를 써서 자기 세뇌를 하는 셈이니까 반복해서

     한다면 의식의 변화가 일어날지도 모르죠.

중계 그래도 실천하기 어렵다고 느끼는 사람이 꽤 있을 것 같아요.

행복해지지 않는 이유는
행복해지겠다고
다짐하지 않기 때문이다

알랭(1868~1951) … 프랑스의 철학자 평론가. 저서 《행복론》은 프랑스의 사상에 큰 영향을 주었다.

악천후에도 긍정적으로! 《행복론》 집필 에피소드

프랑스의 철학자 알랭의 본명은 에밀 오귀스트 샤르티에 $^{Émile-Auguste}$ ^{Chartier}이다. 알랭은 파리의 학교에서 교편을 잡으면서, 프로포^{propos}라는 짧은 철학 칼럼을 써왔다. 이 프로포들을 모은 책이 《행복론》이다.

알랭이 《행복론》을 집필하던 중에 비가 내렸다. 비가 오면 우울해지기 쉬운데, 그는 오히려 '비가 오니 빗소리가 아름다워서 좋다'고 생각했다. 행복해지는 방법 가운데 하나는 이렇게 부정적인 상황도 긍정적으로 해석하는 것이다. 《행복론》에는 마음이 감정이나 정념에 휘둘리지 않도록 다양한 방법이 소개되어 있다.

불행한 기분은 사실 컨디션 난조에서 오는 경우가 많다

알랭은 《행복론》에서 몸의 컨디션에 따라 기분이 좌우되는 경우가 많다고 강조한다. 이는 데카르트의 《정념론》에서 유래한다. 데카르트는 몸과 마음이 이어져 있어, '신체의 움직임이 정신에 영향을 미친다'고 주장했다.

많은 사람이 불행을 기분 탓이라고 여기기 쉬운데, 알랭은 불행에 대처하려면 신체 상태를 포함해 다양한 문제를 해결해야 한다고 생각했다. 이처럼 자신의 상황을 넓은 시야로 보게 되면 부정적 상황도 냉정하게 받아들일 수 있다.

우울할 때 대처법

알랭은 《행복론》에서 우울해하는 사람에 대해 '스스로 의무를 부과해 자신을 얽어매고 있다. 자신의 고통을 애무하고 있다'라고 표현했다. 다시 말해 스스로 괴로움에 잠겨 있다는 것이다. 하지만 살다 보면 우울한 날도 있기 마련이다. 알랭은 이럴 때 '자신의 기분'을 의식하지 말고 '무관심'하게 대하면 기분이 나아질 것이라고 했다.

또 알랭은 슬픔은 감기 같은 것이라서 견뎌내면 자연스럽게 낫는다고 말했다. 그러니 기분이 가라앉으면 그런 상태를 원망하지 말고 그저 지나가기를 기다리는 편이 좋다.

행복해지겠다고 다짐하지 않으면 행복해질 수 없다!

알랭의 《행복론》을 보면, 현실적으로 실천하기 어렵겠다고 생각하는 사람이 있을지도 모른다. 하지만 알랭에 따르면, 우리는 내버려 두면 불행해지기 쉬우니 일단 행복해지겠다는 다짐이 필요하다.

행복해지기 위해서는 불행해지는 습관을 버려야 한다. 고민이 있을 때 그 이유를 찾으려는 행동도 괜히 고민을 더 심각하게 만드는 원인 중 하나다. 이렇듯 알랭의 《행복론》에는 많은 프로포가 담겨 있으니 꼭 한 번 읽어보길 추천한다.

파티피플

제논

재밌는 일만 하며 살아도 될까?

한 번 사는 인생, 즐기며 살고 싶은데요!

파티피플

제 삶의 모토는 '즐기며 살자!'예요. 술을 마시거나 친구들과 어울리며 **최대한 즐겁게 살고 싶어요.** 이런 저를 한심하게 보는 사람도 있겠죠. 물론, 저는 공부를 썩 잘하는 편은 아니지만, 그렇다고 아무 생각 없이 사는 건 아니거든요.

즐기는 삶에 소극적인 사람도 있을 거예요. 하지만 사실, 모두 속으로는 즐기고 싶어 하잖아요. 그냥 참고 살다가 죽어버리면, 그건 너무 아까운 인생 아닐까요?

'즐기며 살고 싶다'란 생각은 나와는 정반대 의견이군. 늘 즐거운 일만 있다면야 좋겠지만, 인생이란 언제 어떤 일이 벌어질지 모르는데 말이야. 나는 **'욕망에 휘둘리지 않고 사는 것'이 가장 충실한 삶의 방식**이라고 생각해. 이 말을 꼭 전하고 싶네.

재밌는 일만 하며 살아도 될까?

YES VS NO

파티피플 제논

<<< ROUND 1 START! >>>

인생, 즐기면서 살면 되는 거 아닌가! 다들 재미있게 살고 싶잖아. 술 마시고 헤롱헤롱~. 얼마나 기분 끝내주는데~! 크~!

아니, 그게 다가 아니라네. 그렇게 흥청망청 살다 보면 힘든 노동이나 집안일을 견딜 수 없게 될지도 몰라. 그럴 때를 대비해 자신을 철저히 단련해 두는 것이 중요해.

KEYWORD

스토아학파
스토아학파는 기원전 3세기 초의 고대 그리스에서 제논이 창시한 철학의 일파다. 제논은 이성의 힘으로 욕망을 억제하는 금욕주의를 주장했다.

Tip   제논이 주장한 금욕주의에 중점을 둔 '스토아학파'는 'STOIC(스토익)'의 어원이 된다.

아뇨. 고대 시대에나 그런 이야기가 통하겠죠. 우리 시대는 기술이 점점 좋아져서, 성가신 집안일이야 AI나 로봇이 다 할 건데요 뭐~. 현재를 즐기지 않으면 손해라고요.

흠…. 하지만 그렇게 즐거움 타령만 하며 살 텐가? 인생이란 자고로 괴롭고 성가신 일도 생기는 법이야. 즐거운 일만 찾다가는 그 밖의 일들은 견딜 수 없게 될지도 모른다네.

그렇게 억지로 참다가 우울증에 걸리는 사람들도 있잖아요. 하고 싶은 일 맘껏 하며 신나게 사는 게 가장 중요해요!

중계   파티피플 씨의 주장, 일리가 있을지도 모르겠네요.

해설   현대인의 시점에서 볼 때 꽤 설득력이 있는 의견이었어요. 억지로 참지 않는 라이프스타일은 많은 사람의 지지를 받을 것 같아요.

<<< ROUND 1 JUDGE! >>>

하지만 이렇게도 생각해 볼 수 있지 않을까? 재미만 찾다가 그것이 조금이라도 채워지지 않으면 어떻게 될까? 나이가 들면 술도 잘 못 마시게 되고, 함께 어울리던 친구도 점점 사라질 텐데. 자네, 그때는 불안하지 않겠나?

뭐, 그럴 수도 있겠지만….

그래. 욕망대로 산다는 건 뒤집어 말하면 인생이 그 욕망에 휘둘려 산다는 의미라네. 그러니 마음을 단련해서 부동심에 도달하는 것이 중요하네. 앞서 말했듯이 인생은 어떤 일이 일어날지 알 수 없는 것이니 더더욱 그렇지.

부동심

KEYWORD

부동심이란 욕망 등의 정념(파토스)에서 해방된 상태에 이르는 일이다. 사람은 정념에 휘둘리면 불안해진다. 이러한 정념에 동요하지 않고 마음의 평화를 유지하려는 사고방식을 말한다.

고통을 자처하라고요? 만약 그렇게 했다가 아무 일도 일어나지 않고 고통만 남게 되면 엄청난 손해잖아요.

그럴 일은 없을 걸세. 앞서 말했지만 술과 친구 모두 영원하지 않을 테고, 재해나 전쟁도 언제 일어날지 몰라. 그러니 마음이 흐트러지지 않도록 단련해 두라는 거야.

걱정을 사서 하시는 거 아닌가요? 너무 걱정하면 스트레스받을 텐데. 그런 식으로 심각하게 생각하면 멘탈이 나간다고요!

중계　이번에도 파티피플 씨가 유리해 보이네요.

해설　타고난 개성이 강한 사람 같아요. 파티피플 씨의 주장에 힘

　　　을 얻는 사람도 많을 것 같아요.

<<< ROUND 2 JUDGE! >>>

<<< ROUND 3 START! >>>

🗿 이쯤에서 한 가지 말해 두겠네만, 내 말은 무조건 부정적으로

　　살라는 게 아니야. 재밌다는 이유로 욕망에만 이끌려 살지 말

　　라는 걸세.

🧢 에? 이해가 안 되는데, 욕망이 있으니까 괴로워도 힘을 내는 거

　　아닌가. 맛있는 음식도 먹고, 명품도 좀 사야 텐션이 올라가죠.

　　욕망을 따르는 건 중요하다고요.

🧓 하지만 여자친구한테 차일 수도 있겠지? 맛있는 음식을 못 먹

　　을 수도 있고. 욕망에 의지하면, 그게 충족이 되느냐 안 되느냐

로 정신 상태가 결정되고 만다네. 그건 꽤 불안정하다고 할 수
있겠지.

🧑 음, 뭐….

👴 그래서 내 주장은 이렇다네. 우리는 인간의 영혼을 갈고닦는
일에만 신경 쓰면 돼. 그 이외의 모든 욕망, 부나 명예 따위는
무시하고 말이야.

🧑 지루하기 짝이 없는 인생이네요!

👴 아니, 그렇지 않아. 자연에 순응하며 살면 괴로움이 사라진다네.

🧑 자연에 순응하며 산다? 산림욕 같은 건가.

👴 아닐세. 자연이라는 건 우주의 원리이자 '이성'과도 바꿔 말할
수 있지. 즉, 이성에 따라 욕망을 억제함으로써 마음의 평온을
유지하는 것이라네.

자연에 순응하며 산다

여기서 언급한 '자연'이란 '이성'을 말하며, '자연에 순응하며 산다'
는 것은 이성적으로 사는 것을 의미한다. 제논은 이성적으로 정념을
억제함으로써 욕망에 휘둘리지 않고, 마음의 평온을 유지하는 삶을 추
구했다.

🧑 이성이라…. 역시 고리타분해. 현대인에게 그런 삶의 방식이
통하겠어요?

👴 상상해 보게. 자신이 부자인지 아닌지, 인기가 많은지 없는지,
명예가 있는지 없는지, 그런 것들에 일절 휘둘리지 않는 상태를

21세기를 살아가는 현대인을 위한 철학

말이야. 이건 어찌 보면 가장 충실한 상태라고 말할 수 있겠지.

그럴 수도 있겠지만, 그래도 늘 참고 이성적으로 살면 무척 괴롭겠다는 생각에는 변함없어요. 제논 선생님처럼 정신력이 강하다면 모르겠지만, 요즘 같은 편한 세상에 다들 그렇게 생각할 것 같은데….

그리스 철학적으로 보면, 결국 누구도 운명을 거스를 수 없다네. 운이 좋아서 매번 좋은 일만 일어난다면 좋겠지만, 운이 나쁘면 언젠가 큰 불행이 닥칠지도 모른다네. 그러니 그때를 잘 대비하게나.

Tip 제논은 어느 날 넘어져서 발가락이 골절되었다. 이미 고령이었던 그는 스토아학파의 사상에 따라 이제 죽을 때가 됐다는 생각에 '지금 가는 중이다. 왜 나를 부르는가'라며 땅을 향해 외쳤다고 한다. 스스로 숨을 멈춰 죽음에 이르렀다는 설도 있다.

중계 서로 한 치의 양보도 없네요. 어느 쪽을 택할지는 각자의 몫이겠죠.

해설 제논 선생님은 금욕을 주장하고 있어요. 그저 욕망에만 따라 행동하면, 쾌락에 마비될 가능성이 있으니까요. 생활 속에 조금씩 적용해 보면 좋을 것 같아요.

«« ROUND 3 JUDGE! »»

DRAW

욕망을 억제하고
'자연'에 순응하며 살라

제논(기원전 335~기원전 263) … 고대 그리스의 철학자. 스토아학파 창시자. 금욕
주의를 주장했다.

'자연'에 순응하며 살라!

스토아학파의 사상에 따르면, 만물은 '세계 이성'에 의해 질서와 법칙
을 부여받는다. 세계 이성은 우주의 질서·원리로서 눈앞의 책상과 컵을
비롯해 만물은 이것에 지배된다. 스토아학파에 의하면, 인간은 우주의
원리인 세계 이성으로부터 로고스^{logos}(이성, 원리, 말 또는 논리 등을 의미)
를 부여받아 제논은 '우주의 원리'='이성'='자연'을 따라 살면 모든 일이
잘 풀릴 것으로 생각했다.

'자연'과 이성을 따르며 무엇에도 동요하지 마라

스토아학파에 의하면, 사람은 정념(파토스)에 흔들리지 않아야 한다
고 주장한다. 이러한 상태를 '아파테이아(무감동)'라고 한다. 그중에서도
제논의 가르침은 엄격해서 설령 무슨 일이 일어나도 초연해야 한다고
여겼다.

상당히 극단적인 내용일 수 있지만 제논에 따르면, 인생의 목적은 '덕

'을 높이면 충분하고 그 외에는 신경 쓰지 않아도 된다고 여겼다. 덕이란 사려, 절제, 정의, 용기 등을 가리키며 선한 것으로 여겼고, 무사려, 무절제, 부정, 두려움 등은 악하다고 여겼다.

즉, 쓸데없이 동요하지 않고 이성에 따라 자신을 통제할 수만 있다면, 판단의 오류로 발생하는 해가 되는 충동 따위에 시달리지 않아도 된다는 뜻이다.

스토아학파는 금욕을 통해 쾌락·고통에 현혹되지 않는 경지에 이르고자 했다. 쾌락은 '자기 보존의 충동을 충족시킴으로써 얻게 되는 무의미한 것'이라고 여겼기에, 식사도 단백질 바 등으로 영양을 섭취하는 정도면 충분하다고 생각했다. 따라서 그들에게 맛집 탐방 같은 건 당치도 않은 일이었다.

어느 추운 지방에서는 벌거벗은 채로 차디찬 눈을 안고 있는 수행법도 있다고 한다. 지나가던 사람이 "안 추우세요?" 하고 물으면, 스토아학파 수행자는 오기를 부리며 "춥지 않소."라고 대답했다고 한다. 누군가 '그런 수행은 의미가 없다'라고 충고를 했다고 전해진다.

현대인의 시선에서는 스토아학파가 극단적으로 보일 수도 있겠으나, 로마 시대에 접어들면서 큰 인기를 끌며(후기 스토아학파), 세네카, 에픽테토스, 마르쿠스 아우렐리우스 같은 걸출한 철학자들을 배출했다.

마르쿠스 아우렐리우스는 이렇게 말했다.

"오늘도 나는 은혜를 모르고 흉포하고, 위험하고, 시기심 많고, 무자비한 사람들과 만나게 될 것이다. 그러나 그 누구도 내게 해를 입히지 못할 것이다."

이렇게까지 동요하지 않는 사람이 된다면 인생이 바뀔지도 모르겠다.

THEME
07

태평주의자

키르케고르

살아가는 데 좌절이 필요할까?

좌절을 왜 하죠?

✳

태평주의자

지금은 스마트폰으로 뭐든 할 수 있는 이런 시대에 **좌절은 되도록 피하고 싶어요.**
'젊어서 고생은 사서도 한다'라고 하죠. 그런데 그러다 인생이 끝나면 어떡해요?
이렇게 말하면 '세상 물정 모른다'느니 '아무 생각 없이 산다'느니 하는 사람들도 있지만, 좌절로 병을 얻는 사람도 있잖아요. 너무 안타깝지 않나요?

물론 고생 없이 모든 일이 잘 풀린다면 더할 나위 없이 좋겠지요.
하지만 적극적이고 **주체적으로 살아가려면 오히려 '절망이 필요하다'**고 생각합니다. 절망이라고 하면 부정적인 인상이 들 수도 있겠지만, 이건 긍정적 사고방식이라고도 할 수 있어요.

살아가는 데 좌절이 필요할까?

NO   **vs**   YES

태평주의자   키르케고르

<<< ROUND 1 START! >>>

좌절을 왜 하죠? 인생을 잘 살려면 좌절은 되도록 피하는 게 상책이에요.

그럴까요? 난 오히려 좌절하는 그 순간부터가 인생의 진짜 시작이라고 생각하는데요.

요즘은 세상이 좋아져서 굳이 좌절하지 않아도 그럭저럭 살아갈 수 있어요. 스마트폰으로 모든 게 해결되니까요.

그렇다고 해서 그게 정말 괜찮은 걸까요? 그렇게 향락적인 것만 탐닉하다가는 언젠가 좌절을 겪게 될 날이 올 겁니다. 현대인은 그 사실을 외면하며 살아갈 뿐이지요.

외면한다고요? 글쎄요. 그냥 현재를 즐기며 사는 거 아닌가요?

오락거리는 넘쳐나고, 인터넷으로 뭐든 다 알 수 있고! 이렇게 좋은 세상이 또 있을까요?

아뇨. 현대인은 넘쳐나는 정보와 물질 속에서 개성을 잃고 **평균화·획일화**된 상황에 놓여 있어요.

평균화·획일화, 개성의 소실

실존주의를 추구한 키르케고르는 현대에도 지적되는 평균화·획일화, 개성의 소실에 대해 일찍이 문제 삼았다. 사람은 '유행에 떠밀리는 삶'을 피하고 궁극적으로 개인의 삶을 살아야 한다고 여긴 것이다.

그렇다고 그것이 나쁜 것만은 아니죠. 평균화, 획일화된 상황이라고 하셨는데, 어떻게 보면 충돌이 적은 거잖아요? 너무 이것저것 따지면서 다투는 것보다, 다 같이 사이좋게 지내면 얼마나 좋아요!

하, 현대인은 그래서 안 되는 거예요. 좀 더 똑 부러져야 합니다. 그래야 각자 개성과 독자성을 발휘하며 주체적인 삶을 살아갈 수 있어요.

개성이나 독자성을 반대하는 건 아니지만, 무리하고 싶지 않아요. 튀지 않고 사람들에게 맞추면서 살아가는 게 최고예요.

그럼 당신은 사회에서 아무것도 주장하지 않고, 어떤 일에도 나서지 않나요?

요즘 같은 시대에 괜히 튀면 위험하죠. 못 올라갈 나무는 쳐다보지 않고, 무리하며 살지 않는다. 이게 현대인의 이상적인 삶

아닌가요? 목표를 높게 잡지 않으면 좌절할 일도 없을 테고요.

하지만 살다 보면 사회생활도 해야 하는데, 그런 태평한 태도로는 힘들지 않을까요? 개성은 곧 희소가치예요. 대체 가능한 존재가 되면 끝입니다.

아까부터 개성을 강조하시는데, 키르케고르 선생님은 그 많은 저서를 다 익명으로 내셨잖아요. 개성이 중요하다면서 왜 익명을 쓰셨죠?

음…. 저에 대해 잘 알고 있군요.

중계   태평주의자 씨, 의외로 조사를 좀 했나 보군요.

해설   그러게요. 참고로 키르케고르 선생님은 개성을 강조하셨지만, 그 개성이 너무 넘쳐서 당시 매스컴의 악평에 굉장히 시달렸다고 해요. 요즘도 SNS에서 남을 헐뜯는 댓글들이 문제가 되고 있잖아요. 어쨌든 키르케고르 선생님, 그 당시에 평균화도 언급하시고, 익명도 쓰셨다니 여러 가지로 현대를 앞서가는 삶의 방식을 취하셨네요.

<<< ROUND 1 JUDGE! >>>

21세기를 살아가는 현대인을 위한 철학

🧑‍🦳 내가 저서에 쓴 익명은 인터넷에서 사용하는 닉네임과는 의미가 전혀 달라요. 나는 익명을 통해 내 사상을 독자에게 강요하지 않고, 다양한 시점과 입장에서 문제를 제기하려고 했던 겁니다.

🧑 에이~, 자신을 보호하려던 게 아니고요?

🧑‍🦳 그렇지 않아요. 난 독자에게 스스로 생각하도록 촉구하고 싶었던 겁니다. 이 방법을 나는 실험 심리학이라고 했지요. 익명을 사용하면 개인적인 이야기를 자유롭게 풀어낼 수 있고, 독자도 자신의 입장에서 깊이 생각해 볼 수 있고요.

🧑 그런가요? 키르케고르 선생님은 스스로 생각하거나 남을 생각하게 만드는 걸 참 좋아하시나 봐요. 하지만 너무 깊게 생각하다 보면 마음의 병이 생길 수도 있잖아요. 저는 그런 건 별로 원치 않아요. 그냥 마음 편하게, 가볍게 살고 싶거든요.

🧑‍🦳 음, 하지만 그 길을 선택해도 절망은 어쩌면 그곳에서 기다리고 있을지도 모르죠.

🧑 절망? 그럴 리가요. 날마다 좋아하는 일 하면서 즐겁게 살고 있고, SNS에는 친구도 많고, 절망할 게 뭐가 있겠어요!

🧑‍🦳 아아, 그건 바로 절망이라고 깨닫지 못하는 절망이라는 단계로 가장 위험한 녀석이지요. 인간은 절망하고 그것을 뛰어넘음으로써 본연의 자신을 되찾게 되는 겁니다. 하지만 당신은 눈앞

에 있는 절망조차 아직 자각하지 못하는 단계이기 때문에 그 단계까지 가려면 오래 걸릴지도 모르겠군요.

절망이라고 깨닫지 못하는 절망(자기가 절망하고 있음을 모르는 절망)

키르케고르는 '절망이라고 깨닫지 못하는 절망'을 최악의 상태로 보았다. 이는 자신을 성찰할 기회를 잃어버린 채, 자기 성장의 동력을 상실하기 때문이다. 키르케고르는 오히려 절망을 받아들이고 인생을 성장하는 계기로 받아들이는 것이 중요하다고 주장했다.

그냥 절망을 깨닫지 못하는 상태로 쭉 살면 안 되나요? 너무 골치 아프게 생각하지 말고요. 굉장히 부정적이신 거 같은데 과거에 무슨 일이 있으셨나요?

Tip 키르케고르는 당시 14세였던 레기네 올센이라는 여성과 약혼했지만, 이후 자신이 그녀에게 어울리지 않는 사람이라고 생각해 약혼을 파기하고 만다. 이 일은 그에게 큰 상처를 남겼고, 평생 그녀를 마음속에 간직한 채 살아갔다고 전해진다.

내 일은 잠시 놔두고요. 당신은 향락적 삶이 무엇인지 잘 모르는 것 같군요. 향락적 삶이란 욕망대로 사는 것입니다. 즉 돈, 지위, 명예, 자유를 바라며, 하고 싶은 일을 마음껏 누리며 살고 싶어 하지요. 그런데 이건 현실적으로 어려운 일이잖아요.

그렇다 보니 어느 순간이 되면 절망에 이를 수밖에 없습니다. 그리고 '자신이 절망에 이르렀음을 자각하는 절망'이라는 단계로 들어서지요. 이 단계에서는 쾌락이나 행운에 기대어 살아온 자신을 자각하며 절망하고, 현실을 회피하려는 상태에 빠지게 됩니다.

 아뇨. 돈, 지위, 명예, 자유를 모두 가진 사람은 얼마든지 있어요. 어쩌면 앞으로 운 좋게 갖게 될 수도 있고요. 만약 갖지 못한대도 그건 그때 가서 생각하면 되니까요. 미리 절망할 준비를 해야 할까요? 지금부터 절망하면 점점 부정적인 인생이 될 것 같아요.

중계   그건 그때 가서 생각한다! 모든 철학적 사고를 무력화시키는 주장이군요. 양쪽 모두 팽팽하네요.

해설   네. 아직 일어나지 않은 일은 생각하지 않겠다는 거잖아요. '그건 그때 가서 생각한다!'야말로 어쩌면 깨달음의 경지에 이른 것도 같고요. 이건 오직 이 순간에만 집중하겠다는 일본 문화 특유의 반격이라 할 수도 있겠네요.

«« ROUND 2 JUDGE! »»

이쯤에서 돌발 질문을 해 보겠습니다. "이것이냐, 저것이냐?"

 네? 뭐예요, 그게?

이것이냐, 저것이냐

키르케고르의 '이것이냐, 저것이냐'에서 '이것, 저것'은 각기 다른 인생관을 의미한다. '이것'은 미적(향락적) 인생관으로, 쾌락을 추구하는 삶의 방식을 나타낸다. 그러나 이 인생관은 권태나 공허에 빠져 결국 절망에 이른다. 반면, '저것'은 윤리적 인생관으로, 의무나 사명을 수행하는 삶의 방식이다. 하지만 이 또한 윤리적 자기를 수행하지 못하면 결국 절망에 이를수 있다.

 향락을 탐닉하는 삶은 '이것이냐, 저것이냐'에서 이것입니다. 반면, 향락적으로 사는 것을 멈추고 윤리적으로 살아가는 삶은 '저것'이에요. 둘 중 당신은 어느 쪽을 선택할 건가요?

 조금 까다롭네요. 그럼 저는 '이것'으로 살겠어요.

 역시 '이것'을 선택했군요. 앞서 설명했지만 '이것'을 따르면 권태와 공허에 빠져 결국은 절망에 이르게 됩니다. 그래도 괜찮나요?

 흠…, 그럼 '저것'을 선택하면 괜찮은가요?

 흠, '저것'을 따른다고 해도 자신이 윤리적인 자기를 수행하지 못하면 결국 절망에 빠지게 됩니다.

 네? 윤리적이어도 안 된다고요? 대체 어떡하라는 건지. 이런 생각을 계속하면 뭐가 달라지죠? 그때그때 생각하면 되지 않나요?

아까부터 '그때그때'란 말만 하는데, 그건 타인의 일을 바라보는 방식이에요. 당신 자신의 인생이잖아요. 향락에 젖어 살 것인지, 윤리에 따를 것인지, 즉 '이것이냐, 저것이냐'의 선택은 자신의 몫이에요. 이것을 직시하지 못하면 그저 현실 도피에 불과해요!

현실 도피? 하지만 선생님은 인생은 절망뿐이라고 하시잖아요.

적어도 당신은 '절망이라고 깨닫지 못하는 절망'에서 빠져나와 절망을 받아들일 준비가 되었잖아요. 이건 엄청난 진보예요.

진보? 이게 진보라고요?

그렇습니다. 비록 절망에 빠지더라도 그것을 인식하고 반복 학습을 통해 다시 도전하면 돼요. 현실을 보지 못하는 '절망을 깨닫지 못하는 절망'보다는 나으니까요.

중계   이것이냐, 저것이냐 고민해도 결국은 절망에 이르는 것이 인간이라는 결론에 도달한 듯하네요. 절망이라고 하면 부정적 인상이 들지만, 절망을 각오하고 긍정적으로 살아가면 좋지 않을까 싶어요.

해설   참고로 키르케고르는 헤겔의 변증법(45쪽)을 비판했어요. 변증법에서는 사물을 객관적으로 바라보고 생각하는 방식이지만, 어떻게 보면 자신의 인생 그 자체를 마주 보고 있지 않다는 이야기도 되니까요.

중계 음, '이것이냐, 저것이냐'로 인생에 새로운 질문을 던지기를

바란 것이군요.

«« ROUND 3 JUDGE! »»

Tip 키르케고르는 커피를 무척 좋아했다. 특히 수북이 담은 설탕에 커피를 뿌려 녹여 먹는
아주 달콤한 커피를 즐겼다. 커피잔을 50개나 가지고 있었다고 한다.

쇠렌 키르케고르(1813~1855) ⋯ 덴마크의 철학자. 실존주의 창시자로 여겨진다.
저서로는《이것이냐, 저것이냐》,《불안의 개념》,《죽음에 이르는 병》등이 있다.

키르케고르의 인생은 파란만장했다. 크리스천의 가난한 농민이었던
키르케고르의 집안은 교회 일부를 빌려 살았다. 생활이 무척 어려웠던
나머지 키르케고르의 아버지 미카엘은 신을 저주했다고 한다.

그 후 미카엘은 사업으로 대성공했지만, 신을 향한 저주 때문인지 7명
의 아들 중 장남과 키르케고르를 제외하고는 34세가 채 되기 전에 모두
세상을 떠났다. 그래서 키르케고르는 자신도 34세까지밖에 살지 못하
리라고 확신했다고 한다.

키르케고르는 24살에 레기네 올센이라는 여성에게 한눈에 반해 약혼
했다. '절망'이라는 말로 알려진 그였지만, 의외로 입담이 좋아서 사람들
의 마음을 사로잡았다고 한다. 레기네 역시 그런 키르케고르에게 점점
빠져들었다.

하지만 키르케고르는 그녀를 사랑하면 할수록, 그녀의 행복을 바라면 바랄수록 자신이 그녀와 어울리지 않는다고 생각해 약혼을 파기해 버렸다. 그는 익명으로 여러 차례 책을 출판했는데, 모두 레기네를 향한 사랑의 메시지였다는 견해도 있다. 이를 두고 일부에서는 그가 '자신은 이렇게 형편없는 인간이다'라는 식으로 약혼 파기에 대한 변명을 하고 있었다고 해석하기도 한다.

절망은 '죽음에 이르는 병'

키르케고르는 사람이라면 누구나 절망에 빠질 수밖에 없다고 말했다. 인간은 평생 자신이라는 존재와 함께 살아가야 하므로, 자신과의 관계가 나빠질 때가 있다. 그때 자포자기하게 되는 '절망'이 시작된다고 보았다.

그는 절망이야말로 인간에게 가장 두려운 '죽음에 이르는 병'이라고 정의했다. 이는 절망해서 죽음에 이르는 것이 아니라 죽고 싶어도 죽지 못하고 살아가는 상태를 의미한다.

절망을 파악하는 것에서부터 인생은 시작된다

키르케고르에 의하면 절망에는 여러 가지가 있는데, 가장 최악은 자신이 절망하고 있음을 깨닫지 못하는 상태라고 한다. 하지만 사람이라면 누구나 절망과 마주치기 때문에 다음 단계인 '자신이 절망하고 있음을 자각하는 상태'로 들어서게 된다.

여기서 현실 도피 상태에 빠지면 '약함의 절망' 상태에 이르게 된다. 반면, '강함의 절망'이라는 것도 있다. 이는 세상이 자신을 뛰어난 인재라고 인정해 주지 않는다고 불평하며 살아가는 상태다.

　이 모든 내용을 종합적으로 보면, '결국 무엇을 하며 살아가든 절망하게 되는 거 아닌가?'라는 의문이 들 수 있다. 하지만 절망과 마주할 수밖에 없다는 사실을 자각하고, 그에 대한 대비책을 마련한다면, 그 자체가 삶의 중요한 지침이 될 수 있다.

니트족   아리스토텔레스

인생에 목적이 필요할까?

사람들이 저더러 삶의 목적을 가지라는군요.

니트족

전 인생에 목적이 필요하다고 생각하지 않아요. 요즘 저는 일하지 않는 자유로운 삶을 만끽하고 있어요. 하지만 친구가 제게 이런 설교를 하더군요. "너도 목표를 가지고 열심히 살아봐." 그 녀석은 평일에는 출세를 위해 일하고, 휴일에도 자격증 취득을 위해 공부한대요.
하지만 전 그런 삶의 방식만 있다고 생각하지 않아요. 현대 사회에 앞으로 희망 같은 게 있나요? 목적 따위 가져봤자 저만 손해예요.

내 의견과 완전히 반대군. 난 **'이 세계는 모두 목적을 갖고 움직인다'**고 생각한다네.
일하지 않는 삶이 무조건 안 된다고 보는 입장은 아니지만, '목적이 필요한지 아닌지'에 대해서는 서로 논의해 볼 필요가 있겠군.

인생에 목적이 필요할까?

<<< ROUND 1 START! >>>

인생에 목적 같은 건 필요 없어요. 현대 시대에 앞으로 희망 같은 게 있나요? 목적 따위 가져봤자 손해라고요.

그렇지 않네. 지금이야말로 인생에 목적을 두고 살아가야 해. 본디 이 세계는 '~을 위해'라는 목적들로 이어져 있지. 컵은 물을 마시기 위해, 의자는 앉기 위해처럼 말이야. 우리도 '~을 위해'라는 목적을 갖고 살아가야 하네.

그럴까요? 목적을 향해 행동하는 게 아니라 기계적으로 행동하는 거 아니고요? '자명종이 울려서 깼다 → 씻는다 → 공복이니까 밥을 먹는다'라는 식으로요.

그건 내가 살았던 시대보다 훨씬 나중에 출현한 사상으로 기계론적 세계관이라고 한다네. 내 관점은 달라. '사람은 일어나기 위해 눈을 뜬다 → 회사에 가기 위해 씻는다 → 영양 보충을 위해 밥을 먹는다'라는 식으로 생각하지. 이것을 목적론적 세계관이라고 한다네.

목적론적 세계관·기계론적 세계관

목적론적 세계관에서는 세상만사가 모두 일정한 목적에 따른다고 본다. 반면, 기계론적 세계관에서는 '모든 원인이 결과를 낳고, 그 결과가 다시 원인이 되어 다음 결과를 낳는다'는 식으로, 세상은 원인과 결과의 연쇄로 움직이며, 거기에는 아무런 목적도 없다고 본다.
목적론은 근대의 기계론적 세계관에 따라 비판받았지만, 현대에 와서는 정치철학 등 다양한 분야에서 중요한 관심을 받고 있다.

🧔 당신처럼 기계적으로 행동하는 사람들이 많은 이유는 현대인이 기계론적 세계관에 물들어 있기 때문이지. 하지만 그리되면 그냥 살다가 그냥 죽게 된다네. 마치 동물처럼 말이야. 인생에 의미가 사라지게 된다는 말일세.

👩 둘 중에 하나를 택하라면 전 편하게 기계적으로 사는 쪽을 택하겠어요. 어찌 보면 세계는 목적 없이 우연히 움직이고 있는 걸 수도 있잖아요. 그게 자연스럽고 거기에 맞춰 살아도 좋다고 생각해요.

🧔 하지만 아무런 목적 없이 매일 똑같은 일만 반복된다면, 결국 공허함을 느끼지 않겠나? 나는 행복해지려면 삶에 어떤 의미를 더해야 한다고 생각한다네.

중계 　인생에 목적을 갖고 살 것인지, 목적 없이 그냥 살 것인지가

　　　 화두군요. 두 의견 모두 이해는 되지만....

해설 　흔히 자기 계발서 등에서는 우선 자신의 목적을 정하라고 합

　　　 니다. 아리스토텔레스 선생님의 철학은 현대의 정치철학에

　　　 도 많은 영향을 주었어요.

Tip 　 NHK에서 2010년에 방영된 마이클 샌델 교수의 〈하버드 백열교실〉에서는 아리스토텔레
　　　스의 목적론에 근거한 공동체에 대한 내용을 다루었다.

«« ROUND 1 JUDGE! »»

«« ROUND 2 START! »»

인생에 목적 따위 없어도 살 수 있죠. 집에서 인터넷만 하고 놀

아도 얼마나 행복한데요. 유튜브랑 영화, 편의점 도시락만 있

으면 사는 데 아무 지장 없어요.

당장은 좋을지 몰라도 머지않아 질려서 할 일이 없어지면 목적

을 잃고 불행해질 걸세.

목적을 가진들 뭐가 달라지나요? 기대에 못 미쳐서 결국 실망

　　　　　　　　　21세기를 살아가는 현대인을 위한 철학

하고, 그야말로 불행해질 텐데. 예를 들어, 공부나 일에 어떤 목적을 가졌다가 끝끝내 달성하지 못한다면 얼마나 큰 타격이 올지 상상해 보세요. 그만큼 상실감과 불행감이 크게 느껴지지 않을까요?

그건 목적에 대한 사고방식이 달라서 그렇다네. 가령 '공부를 해서 지식을 얻는 행위 그 자체'를 목적으로 여긴다면, 공부를 하는 시점에 이미 목적이 달성된 셈이지. 더 큰 목표를 설정하는 것도 중요하지만, 그에 맞는 세세한 목표도 설정해야 그 과정 속에서 만족을 느끼고 꾸준히 나아갈 수 있지.

Tip 아리스토텔레스는 리케이온이라는 학교를 열었다. 아리스토텔레스학파는 학교의 회랑 (페리파토스)을 거닐며 논의와 강론을 했다고 하여 페리파토스학파라고 불렸다.

하지만 세상에 그렇게 의식 수준이 높은 사람만 있진 않아요. 실제로 일하는 사람 중에 속으로는 저처럼 살고 싶다고 생각하는 사람도 많을걸요? 목적이라느니, 이상이라느니, 자기 스스로 그런 족쇄를 채우며 살아야 할까요?

중계   이번에는 니트족 씨에게 손을 들어주고 싶네요. 그런 삶의 방식이 더 맞는 사람도 있을 수 있겠군요.

해설   그렇죠. 아리스토텔레스 선생님은 인간을 본래 '사회적 존재'라고 주장하셨기 때문에, 니트족 씨의 사고방식은 그와는 다를 수 있죠.

중계 맞아요. 그렇다면 인생에 목적을 갖고 살 것인지, 아니면 목
      적 없이 그냥 살 것인지에 대한 논쟁은 결국 어떤 결말을 맞
      게 될까요?

«« ROUND 2 JUDGE! »»

«« ROUND 3 START! »»

🐺 그대가 깨달았는지는 별개로, 인간이라면 어쩔 수 없이 'ㅇㅇ을
   하기 위해 ㅁㅁ를 한다'와 같은 '목적'을 피할 도리가 없다네.

🧑 그래요? 하기야 뭔가를 사려고 편의점에 가는 것도 목적이라고
   할 수 있겠네요. 그런데 제가 말하는 '목적'은 '인생의 목적' 같은
   거창한 거예요. 예를 들어, '일하기 위해 취직한다', '돈을 벌기
   위해 일하러 간다' 전 이런 일들이 내키지 않는다고요.

🧔 아무 생각 없이 그냥 산다면 언젠가는 지겨워질 텐데…. 이것
   저것 생각하며 사는 인생이야말로 인간의 행복이지. 난 이것은
   관상觀想이라고 했다네. 그렇다고 무조건 밖으로 나가라는 말
   이 아닐세. 그대처럼 혼자 집에 틀어박혀 이런저런 생각을 하

는 타입은 내가 이상으로 여긴 '관상적 생활'을 지향하고 있는 지도 몰라.

KEYWORD

관상적 생활

아리스토텔레스는 관상적 생활을 이상으로 여겼다. 관상적 생활이란 이성에 따라 세계의 구조를 생각하는 일, 즉 철학하는 것을 말한다. 아리스토텔레스는 쾌락을 추구하는 '향락적 생활'이나 명예를 추구하는 '사회적 생활'보다 관상하는 것, 즉 철학적 삶이 최고의 행복이라고 여겼다.

네? 밖에 나가지 않아도 된다고요? 그럼 이렇게 일하지 않고 살아도 괜찮다는 말씀?

당연하지! 니트족의 삶을 부정하려는 게 아니야.

그렇군요. 선생님은 더 엄격하실 줄 알았는데….

관념적인 삶을 살다 보면 인생의 목적을 깨닫게 될 수도 있어. 하지만 관상적 생활을 추구한다면 지성을 갈고닦기 위한 좋은 습관을 길러야 해. 잊지 말게나.

KEYWORD

습관

아리스토텔레스는 인간의 덕을 '지성적 덕'과 '습성(윤리)적 덕'의 두 가지로 구분했다. '지성적 덕'은 교육이나 학습으로 몸에 밴 것이다. 한편, '습성적 덕'은 감정이나 욕망을 통제하는 것으로 일상의 반복(습관)을 통해 얻을 수 있다고 했다.

중계 앗, 니트족 씨가 집에 틀어박혀 있다가 졸지에 관상적 철학
      을 한다는 결과가 됐네요.

해설 뭐, 저도 철학을 하고 있지만, 때로 괴짜 취급을 받곤 했죠.
      대학에서 철학과를 졸업하면 취직이 어렵다는 말도 있고요.
      물론 사람에 따라 다르겠지만요.

중계 니트족 씨도 나중에 철학에 눈을 떠서 어떤 목적을 달성할
      지도 모르겠군요.

21세기를 살아가는 현대인물 위한 철학

세상은 목적을 가지고 움직인다

아리스토텔레스 (기원전 384~기원전 322) … 고대 그리스의 철학자. '만학의 아버지'라 불린다. 저서로는《형이상학》,《정치학》,《자연학》등이 있다.

스승 플라톤의 은혜를 발로 차버리고 떠난 아리스토텔레스

플라톤의 제자인 아리스토텔레스는 스승인 플라톤의 이데아론을 비판했고, 플라톤이 설립한 학교 아카데메이아를 떠났다. 이에 대해 플라톤은 아리스토텔레스를 향해 이렇게 말했다고 전해진다.

"아리스토텔레스는 마치 망아지가 낳아준 어미를 발로 차듯 걷어차고 떠났다."

비록 스승을 비판한 아리스토텔레스지만 오늘날에는 '만학의 아버지'로 불리고 있다. 그는 자연학(자연 과학 등)을 연구 및 정리하고 정치학, 변론술, 시학, 논리학, 형이상학 등을 혼자서 체계적으로 완성해 나갔다.

아리스토텔레스가 주창한 '잉오브털학'이란

아리스토텔레스의 사상 중에서도 형이상학은 특히 주목할 만하다. 형이상학은 존재의 구조를 연구하는 학문이며, 제1 철학이라고 불렸다.

이른바 '킹 오브 철학'인 것이다.

'존재의 학문' 형이상학은 어째서 지금까지 중시되고 있을까? 그 이유는 '존재'가 모든 지식과 학문의 근본이기 때문이다. 존재 이외의 지식은 그 분야에 대해 연구하면 얻을 수 있지만, 존재는 그 모든 것의 밑바탕에 있는 개념이다. (하이데거는 존재에 대해 다른 각도에서 탐구했다.)

'존재'에 대해 연구한 형이상학은 오늘날 생리학·화학 등 다양한 학문에 큰 영향을 미치고 있다.

모든 존재는 '목적'을 향해 움직인다?

형이상학의 키워드로 '형상(에이도스)'과 '질료(휠레)'가 있다. 아리스토텔레스는 자연계에 존재하는 모든 사물은 재료인 '질료'가 설계도인 '형상'에 의해 변화하여 생긴다고 생각했다. 그래서 플라톤이 주장한 '현실 세계를 초월한 이데아'의 존재를 부정한 것이다.

이러한 사고방식에 따르면, '질료'인 철은 '형상'에 의해 망치나 못으로 변한다. 바꿔 말하면 '철은 망치나 못이 되기 위해 변화한다'라고 생각할 수 있다. 이처럼 '모든 사물은 목적을 가지고 움직인다'라는 사상을 목적론적 세계관이라고 한다.

인생의 '궁극적 목적'이란

우리의 삶 또한 인과관계와 여러 가지 목적으로 이어져 있다. 근육 운동은 건강을 위해, 건강은 일하기 위해, 일은 돈을 벌기 위해, 그리고 돈은 또 헬스장 회비를 내기 위해…. 잘 생각해 보면 인생이란 돌고 도는 것이다.

그러나 아리스토텔레스는 이렇게 돌고 도는 삶은 허무하다고 설파하며 좀 더 큰 목적이 있어야 한다고 주장했다. 이러한 난제에 대해 생각하는 것을 아리스토텔레스는 '관상'한다고 표현하며, '관상적 생활'을 권했다.

현상 유지자

존재론자

각오를 다지는 게 그렇게 중요할까?

현상 유지나 하면서 대충 살고 싶어 하면 안 되나요?

✳

현상 유지자

유명한 기업가나 성공한 사람들은 흔히 '마음을 단단히 먹어라', '각오를 다지고 업무에 임해라'라는 말을 자주 하는데 제 생각은 정반대예요. **누구든 결국엔 죽잖아요. 그러고 보면 치열하게 살 필요가 있을까** 싶어요.

'내일의 일은 내일 생각한다' 이런 삶의 방식도 괜찮지 않나요? 제 말에 반대하는 사람도 있겠지만 솔직히 **현상 유지나 하면서 대충 사는 것도** 나쁘지 않다고 생각합니다.

'어차피 누구나 결국은 죽으니까'라는 식으로 말했는데, **아직 진정한 의미에서의 '죽음'을 마주하지 못했나 보군.**

우리는 **'지금 존재하는 것'**을 당연하다고 여기기 쉬운데, 지금 다시 한번 생각해 볼 필요가 있을 것 같네.

각오를 다지는 게 그렇게 중요할까?

현상 유지자 **VS** 존재론자

《《 ROUND 1 START! 》》

🧑‍🦰 전 '지금이 좋다면 그것으로 충분하다'고 생각해요. 치열하게 살아봤자 어차피 마지막엔 모두 죽을 테니까요. 현상 유지나 하면서 대충 살고 싶어요.

🧔 꽤 낙관적인 생각이군. '지금이 좋다면 그것으로 충분하다'고 했는데, 애당초 그대가 '지금 존재하고 있는 것' 자체가 대단한 일이라고 생각하지 않나?

🧑‍🦰 음, 무슨 말씀이신지?

🧔 그대는 지금 여기에 있는 게 당연하다고 생각하는 모양인데, 처음부터 이 세상에 모든 게 존재했을까? 이 세계가 있고 우리가 존재한다는 건 굉장한 일일세.

'존재한다'든가 '있다'는 건 당연한 일 아닌가요? '우와! 있다 있어!' 하며 놀라진 않잖아요.

그럼 질문을 바꿔보지. '있다'는 게 무엇인지 설명해 보게. 컵이 있다, 안경이 있다 할 때 그 '있다' 말이야.

이상한 질문이네요. 컵이 있다고 할 때 '있다'가 무슨 의미냐니? 말 그대로 '컵이 여기에 있다'밖에 더 있나요?

쉽게 설명하기는 어렵겠지. 그대는 처음부터 '있다'와 '존재한다'가 무슨 말인지 안다고 생각했겠지만, 사실은 모르고 있었던 거야. 실은 철학자 또한 그럴듯한 의견을 내놓지 못했으니까. 이에 하이데거라는 철학자가 처음으로 그 답을 내놓으려 했다네.

마르틴 하이데거 1889-1976
독일의 철학자. 존재론적 철학을 전개했다. 주요 저서로는 《존재와 시간》이 있다.

하이데거는 '있다는 게 무엇일까?', 즉 존재에 대해 생각하다가 인생이란 찬란한 것임을 알게 되었다네.

그래요? 우리가 생각하기에 나 자신도, 세계도 있는 건 당연한 거니까요. 그게 무엇인지 생각한들 인생이 찬란하다는 생각은 안 들 것 같은데요?

중계 자, '존재'에 대한 논의가 시작되었네요. 그런데 확실히 우리
　　 가 살아가는 세계, 그러니까 우주와 별, 우리의 존재가 신기
　　 하긴 하네요. 이건 물리학 문제일까요?

해설 아뇨. 그렇지 않아요. 물리학에서는 빅뱅에 의해 우주가 생
　　 겨났다고 설명하지만, 그렇다 하더라도 '왜 빅뱅이 일어났는
　　 가?'라는 물음은 남지요.

중계 정말 철학은 끝이 없네요! 어쩌면 끝까지 답이 나오지 않을
　　 수도 있겠는데요. 어떻게 보면 현상 유지자 씨의 말이 맞는
　　 것 같기도 하고요.

《《《 ROUND 1 JUDGE! 》》》

DRAW

《《《 ROUND 2 START! 》》》

그러지 말고 내 말을 들어보게. 하이데거에 의하면, 존재는 두
가지로 나뉜다네. 바로 '~이다'와 '~가 있다'지. '이것이 컵이다'
와 '컵이 있다'를 예로 들어보겠네. '컵이다'라는 것은 '존재자
(컵)'를 가리키지만, '컵이 있다'는 것은 '존재(컵이 있다는 것)'를

가리키지. 물론 이 둘은 의미가 다르다네.

존재론적 차이

하이데거는 '존재자'(컵이나 책상 등 존재하는 대상)와 '존재'는 다른 것이라고 주장했다. '존재' 그 자체는 '존재자'가 아니므로 '존재'를 컵이나 책상에서 찾으려 해도 발견할 수 없다. 모든 것을 '존재케 하는 것'이 '존재'이다. 하이데거는 이 '존재'가 무엇인지 계속해서 탐구했다.

예를 들어, 컵은 가리킬 수 있지만, 존재 그 자체는 가리킬 수 없지. 모든 존재자에는 존재가 숨어 있는데, 그것을 가리켜 보일 순 없다네.

컵이라는 물건은 가리킬 수 있어도 컵의 '존재'는 가리켜 보일 수 없다. 이 말이 대체 저와 무슨 관계가 있죠?

어째서 그대가 '존재'를 의식하지 못하고 느낄 수 없는지와 관계가 있지. 컵을 비롯해 이 세계의 모든 것에 있어서 '존재'라는 공통점은 바뀌지 않는다네. 그 존재 속에 우리 인간도 어느새 내던져져 있지. 그래서 그대는 존재에 대해 이해할 수 없는 걸세.

세계 내 존재

하이데거는 자신이 세상에 내던져진 존재라는 사실을 깨닫고 그런 인간의 존재를 '세계 내 존재'라고 불렀다.

제가 '존재'에 대해 왜 감을 못 잡고 있는지는 알겠어요. 하지만 결국 지금 존재하는 것에 대해 생각하는 것이 어떤 의미가 있는

지는 모르겠어요.

아니, 그래서 그대가 하루하루를 헛되이 살고 있다는 걸세. 어느샌가 이 세계에 내던져져서는 '존재'하는 것이 당연하다고 여기고 있잖나. 그 존재의 불가사의, 신비에 관심을 가지지 않으니까 느낄 수 없게 된 거라네.

왜 사람은 '존재'를 당연하다고 여기게 되었을까?

POINT

하이데거에 의하면, '존재자'(사람, 동물, 책상, 컵 등 존재하고 있는 사물)가 모습을 드러내면 '존재'는 그 뒤편에 숨어 버린다. 고대 철학에서 '존재, 무엇인가'에 대해 계속 질문하지 않은 것도 그 때문이다.

그리고 하이데거는 이렇게 말했어. "인간만이 존재란 무엇인지 질문할 수 있다. 다른 동물은 이것에 대해 생각할 수 없다. 인간은 존재에 대해 희미하게 느끼고 있기에 마음속에 대고 '존재란 무엇인지' 물어야 한다."

뭐, '존재하는 것을 당연하게 생각하니 감동이 없는 거다, 인간만이 존재에 대해 생각할 수 있다'라는 말은 이해했어요. 하지만 그렇다고 이렇게 어려운 걸 꼭 생각해야만 하나요?

중계 솔직히 이번 이야기는 좀 어렵네요.

해설 네. 철학은 인생론뿐 아니라 인식론, 존재론 등의 분야가 있으니까요. 특히 존재론은 무척 어려운 내용이라고 할 수 있어요.

'존재'에 대해 생각하면 삶과 죽음을 총체적으로 파악할 수 있게 된다네.

어떻게요?

'지금 여기 존재한다'라는 건 시간상 과거와 미래 사이에 끼어 있다는 말일세. 존재와 시간은 분리할 수 없는 관계에 있지. 그렇다면 그 시간의 가장 마지막에 오는 건 무엇이라고 생각하나?

…죽음, 인가요?

그래. 사람은 결국엔 죽음을 맞이해. 즉, 인간=시간적 존재란 말일세. 존재를 시간으로 받아들인다는 건 자신의 삶과 죽음을 바라보는 것이니까.

Tip 하이데거는 존재와 시간에 대한 철학을 주장했는데, 이건 음악에서도 힌트를 얻고 있다. '음악은 시간 속에 응축되어 있다'가 바로 그것이다.

사람은 결국 죽는다는 사실은 이미 알고 있어요. 어차피 다 죽는다고 처음에도 말했잖아요.

그건 단순한 표면적 죽음일 뿐이지. 자기 죽음을 정면으로 마주하는 게 아니잖은가? 죽음이란 단순히 생명이 끝나는 것이 아니라, 자신의 '존재'가 사라지는 것이네. 하지만 사람은 자신의 존재가 사라진다는 사실을 망각하고 싶어 하지. 그대처럼 대충 살아가려는 사람들은, 결국 자신이 죽음을 향해 가고 있다는 사실을 외면하고 싶은 것뿐이야.

그렇게 계속 '죽음', '죽음' 하지 마세요.

하이데거는 '죽음'을 분석하고 이렇게 생각했다네. '죽음은 누구하고도 바꿀 수 없고, 죽을 때는 고독하며, 죽으면 이 세계에서 사라진다'고 말이야. 그리고 사람은 누구나 죽는다는 사실은 이미 알고 있지만, 모두가 죽음을 '먼 훗날의 일'이라고 생각하지. 바로 다음 순간에 죽을 수도 있는데 말일세.

KEYWORD

죽음의 분석

하이데거는 죽음을 분석해 다음과 같이 분류했다.

① **죽음의 교환 불가능성** : '죽음은 교환 불가능하다'라는 말은 자기 자신의 죽음은 누구하고도 바꿀 수 없다는 사실을 의미한다.

② **죽음의 몰교섭성** : 죽음이 임박하면 인간은 고독하며, 더는 타인과 같은 존재가 아니게 된다(몰교섭).

③ **죽음의 확실성** : 인간은 평소에는 자신이 죽는 것을 심각하게 생각하지 않지만, 마음속 깊은 곳에는 자신도 반드시 죽으리라는 사실을 알고 있다.

④ **죽음의 무규정성** : 대부분의 사람은 '자신도 언젠가 죽겠지만, 먼 훗날의 일이다'라고 생각한다. 바로 다음 순간에 죽을지도 모르지만, 인간은 이것을 은폐하며 살아간다.

⑤ **죽음의 추월 불가능성** : 죽음이 먼저 오고 다른 일이 일어나는 것이 아니라, 죽음은 가장 마지막에 온다. 누구도 그것을 추월할 수 없다.

뭔가 무섭네요. 일부러 '죽음'에 대해 진지하게 생각하라는 건가요? 도리어 삶의 의욕이 꺾이는 것 같은데요.

아니, 이제부터 의욕이 생길 걸세. "지금 이 순간의 존재는 마침내 존재가 사라지는 '죽음'과 표리일체의 관계다." 이 말을 선구적으로 각오하면 지금 이 순간이 빛나게 된다네.

KEYWORD

선구적 각오성(선구적 결의)

하이데거는 인간이 여러 사물이나 사람과 맺는 존재 방식을 '세계 내 존재'라고 표현했다. 그러나 세계 내 존재로서의 인간은 점차 평준화되며, 주위 흐름에 휩쓸려 '사람(세인)'으로 퇴락하게 된다. 하이데거에 따르면, 이러한 존재 방식은 비본래적이며, 인간이 본래적 자기를 되찾는 길은 자신이 '죽음으로 향하는 존재'임을 자각하고, 이를 받아들이며 주체적으로 살아가기로 결단할 때 비로소 가능해진다.

그대는 언젠가 죽고, 존재 또한 사라지게 되지. 하지만 지금 이 순간은 '존재'하고 있어. 이것을 큰 선물이라고 생각하면 '사는 일'과 '죽는 일' 모두가 소중해진다네.

그럴지도 모르죠. 죽음을 각오하면 지금 이 순간 존재한다는 사실 자체가 경이롭게 느껴지기도 해요. 하지만 그래도… 어딘가 두렵네요.

🧔 그럴 수 있지. 하지만 사는 동안에 죽음을 생각한다면 '존재한다'(있다)는 사실의 중요성을 알게 될지도 모르네. 그러면 인생을 허비할 일도 없어지겠지.

중계   지금 자신이 '죽음'을 향해 가고 있다는 사실을 각오하면, 지금 이 순간을 소중히 여기며 살아갈 수 있을지도 모르겠군요.

해설   그래도 역시 존재론은 어렵죠. 이번 기회에 존재와 시간에 대해 차분히 다시 생각해 보는 것도 좋을 것 같아요.

21세기를 살아가는 현대인을 위한 철학

마르틴 하이데거 (1889~1976) … 독일의 철학자. 존재론적 철학을 전개했다. 주요
저서로는 《존재와 시간》 등이 있다.

모든 것은 서로 얽혀 있다

하이데거는 도구의 존재 방식을 통해 세계의 존재 방식을 분석했다.
예를 들어, 우리 일상을 살펴보면 '충전기는 스마트폰을 충전하기 위해
존재한다', '스마트폰은 앱을 사용하기 위해 존재한다'처럼 모든 도구는
독립적으로 존재하는 것이 아니라 다른 것과 연결되어 있다. 하이데거
는 이러한 사고방식을 '도구 관련'이라고 정의했다.

하지만 우리는 일상에서 사용하는 도구에 대해 그 연관성을 하나하
나 따지지는 않는다. 머그잔 같은 물건은 일반적으로 보면 단순한 상품
이다. 하지만 그 머그잔이 그녀(그)로부터 받은 선물이라면, 설령 그것
이 흔하고 싼 물건이라 할지라도 '무엇과도 바꿀 수 없는 나만의 것'이 된
다. 깨지면 또 주문할 수 있는 물건이 아니란 뜻이다.

이처럼 모든 존재는 '자신'과의 관계 속에서 의미를 부여받는다. 그러
한 관점에서 세계를 다시 보면 새로운 인생이 보일지도 모른다.

'인간은 다른 사물과의 관계 속에서 살아가는 존재다.' 하이데거는 이를 '세계 내 존재'라고 표현했다. 또한 '존재에 대해 사유할 수 있는 존재'인 인간을 '현존재(다자인)'라고 정의했다. 이는 일반적인 의미에서의 '인간'과 구별하기 위해 의도적으로 사용한 표현이다.

하이데거에 의하면, 현존재는 과거와 미래의 긴장 속에서 살아간다. 그렇다면 미래의 끝에는 무엇이 있을까? 바로 '죽음'이다.

'죽음'은 누구도 피할 수 없지만, 사람들은 자신이 '죽음을 향해 가는 존재'임을 외면하려 한다. 대신 가십거리를 쫓거나 친구들과 수다를 떨며 일상의 소음 속에 파묻힌다. 그는 이렇듯 세속적으로 살아가는 존재를 '다스만(사람)'이라고 불렀다.

'사람'은 자신이 '죽음으로 향하는 존재'임을 잊으려 한다. 이는 그들이 '죽음'을 진지하게 마주하지 않기 때문이다.

하이데거에 따르면, 현존재는 '자신이 죽어가는 존재'임을 받아들일 때, 비로소 본래의 자신을 되찾을 수 있다. 죽음을 향한 선구적 각오를 가질 때, 삶은 더욱 선명하고 생생하게 보이기 시작하는 것이다. 하이데거의 철학은 매우 난해하기 때문에 《존재와 시간》을 읽을 때는 집중해야 한다.

사회의 법칙,
나만의 처세술

제2장

Society

자유인

칸트

도덕을 꼭 중시하며
살아야 할까?

도덕에 얽매이지 않고 자유롭게 살고 싶어요.

자유인

도덕을 지키는 건 중요하지만, 너무 얽매이면 한 번쯤 생각해 볼 필요가 있어요. 예를 들어, 예능인의 불륜 같은 사생활 문제를 두고 모두가 부도덕하다며 비난하지만, 사실 그건 당사자들이 해결하면 끝날 문제잖아요.
거짓말도 일반인의 시각에선 부도덕한 것이지만 때에 따라서는 선의의 거짓말이 될 수도 있잖아요. **도덕은 시간과 장소에 따라 변하니까 크게 얽매이지 않고 자유롭게 살고 싶어요.**

저는 '시간과 장소에 따라 변하는 것'은 진정한 도덕이 아니라고 생각해요.
그리고 '도덕에 얽매이지 않는다'는 표현이 있지만, 도덕을 자율적으로 따르는 것 또한 하나의 자유라고 할 수 있죠. 이런 말들을 꼭 전하고 싶군요.

도덕을 꼭 중시하며 살아야 할까?

NO   **VS**   YES

자유인   칸트

《《《 ROUND 1 START! 》》》

도덕이라는 건 개인의 내적 기준이니까, 법만 지키면 되는 것 아닌가요? 어차피 '법을 지키는 것이 최소한의 도덕'이라고 하잖아요. 그렇다면 그 정도면 충분하지 않을까요? 누구에게나 공통되는 절대적인 도덕이 존재하는 것도 아니니까, 너무 얽매일 필요 없다고 생각해요

난 그렇게 생각하지 않아요. 도덕이란 인간의 보편적인 내면의 소리이며, 누구에게나 공통된 가치라고 믿습니다.

내면의 목소리, 그것도 사는 장소와 시대 등에 따라 변한다고 생각해요. 사람마다 제각각이에요.

그렇지만 '거짓말하면 안 된다'라는 기본 도덕처럼 언제 어디서

든 누구에게나 공통된 도덕도 있습니다. 실제로 난 이런 보편
적 도덕 규범으로 도덕 법칙이라는 것을 주장했어요.

도덕 법칙(도덕률)

도덕 법칙은 칸트가 주장한 '도덕적 행위를 실행하기 위한 보편적 규
범·원리·원칙'이다. 이 법칙은 개인의 사적이고 주관적인 결정이 아니
라 객관적 법칙이며, 누군가의 명령에 의해서가 아닌 인간이 자신의 의
지로 떠맡은 것이라고 여겨졌다.

하지만 거짓말도 방편이라는 말이 있듯이 거짓말이 필요할 때
도 있어요. 너무 도덕에만 신경 쓴다면 오히려 현실 사회가 순
조롭게 굴러가지 않을지도 몰라요.

아니요. 도덕적 행동은 '조건'에 좌우되는 것이 아닙니다. 예를
들어, '사례금을 주면 타인을 돕겠다'는 조건이 붙는다면, 그것
은 진정한 도덕적 행동이라고 할 수 없겠지요.

도덕적 행동에는 조건을 달면 안 된다는 건가요?

그렇습니다. '무슨 일이 있어도 거짓말을 하지 말자'처럼 조건
을 달지 않고 자신의 마음속에 하나의 법칙으로서 받아들이는
것이지요. 나는 이런 무조건적 명령을 정언 명령(정언 명법), 조
건적 명령을 가언 명령(가언 명법)이라고 불렀어요.

정언 명령(정언 명법)

정언 명령(정언 명법)이란 '무조건 ~해라'라는 형태로 지시되는 도덕
법칙의 명령 형식이다. 일반적으로 윤리적 명령은 '만약 ××하면 ~해

라'처럼 조건부 명령 형식을 취하는데 이것은 가언 명령(가언 명법)이다. 한 예로 '무언가 보상을 해주면 사람을 돕겠다'는 경우는 조건을 달았기 때문에 칸트는 이것을 도덕적이라고 보지 않았다. 어떤 조건이냐에 따라 사람을 돕지 않을 수도 있기 때문이다.

한편, 정언 명령은 '무조건 사람을 돕는다'라는 것이기 때문에 이것에 따르면 무슨 일이 있어도 사람을 돕게 된다. 칸트는 정언 명령이야말로 도덕적 명령이라고 생각했다.

 흠, 그건 좀 이상한데요. 예를 들어 '거짓말은 무조건 하지 말자'라는 정언 명령이 있다고 치죠. 그럼 누군가가 "이 머리 어울려?"라고 물었을 때, 안 어울린다고 생각하면 솔직하게 '안 어울려'라고 해야 하는데, 그건 너무 하지 않나요?

중계 여기서는 자유인 씨가 유리해 보이네요. 칸트 선생님이 주장하는 도덕이라는 건 정말 엄격한 것 같거든요. '좀 도덕적으로 살자' 정도로는 안 되는 것 같아요. 왜 그렇게까지 도덕에 집착하는 걸까요?

해설 그건 칸트 선생님이 《영원한 평화를 위하여》라는 정치철학 책을 남긴 것과도 관계가 있어요. 칸트 선생님은 그 책에서 대다수 사람이 도덕적이어야 영원히 평화로운 세계가 온다고 주장했거든요.

중계 위대한 이야기네요. 확실히 세상 사람 모두가 도덕적이라면 영원한 평화가 실현될 수도 있겠네요. 그런데 그렇게까지 도

21세기를 살아가는 현대인을 위한 철학

덕적으로 살아가려면 엄청 힘들 것 같아요.

«‹‹ ROUND 1 JUDGE! ›»»

«‹‹ ROUND 2 START! ›»»

하지만 사람들이 도덕 법칙을 의식하게 되면, 미혹 행위나 부도덕한 행동이 줄어드는 것도 사실입니다. 도덕적인 삶이야말로 인간의 존엄이자 자유로워지는 길이에요.

그래요? 도덕적으로 살면 오히려 숨 막혀서 자유롭지 못할 것 같은데….

아뇨. 인간은 스스로 자신을 통제할 수 있을 때야말로 진정으로 자유롭습니다. 동물은 본능에 따라서 '도움이 되니까 돕는다', '배가 고프면 먹는다'와 같이 조건부 행동밖에 할 수 없어요. 하지만 인간은 자신의 자유 의지에 따라 욕망을 제어할 수 있다는 의미에서 자유로운 것입니다.

그럴 수도 있겠지만, 개인적 시선에서 보면 '이것도 안 돼, 저것도 안 돼' 하며 저의 행동을 제어하고 싶진 않은데요.

도덕적으로 행동한다는 건 스스로 본능을 통제한다는 것이기 때문에 오히려 도덕적으로 행동하는 것이 진정한 자유입니다. 칼로리가 높은 음식을 먹고 싶은 욕망을 이성의 힘으로 억누르는 것도 도덕이에요. 여기에 인격의 존엄이 있는 것입니다.

KEYWORD

'인격의 존엄'
칸트는 스스로 세운 도덕 법칙에 자율적으로 따르는 것이야말로 인간의 자유이며, 인격의 존엄으로 여겼다.

중계   보통은 욕망을 채울 때 자유롭다고 생각하는데, 칸트 선생님이 주장하는 자유는 조금 다르네요.

해설   네. 욕망을 마음껏 채운다면 동물과 다를 바 없겠죠. 동물은 '본능'의 지배를 받기 때문에 자유롭지 못해요. 하지만 인간은 자기 자신을 스스로 조절할 수 있어요. 칸트 선생님에 따르면, 자기 관리도 도덕적 행위 중 하나라고 할 수 있겠네요. 현대의 직장인들에게도 도움이 될 것 같은 내용이네요.

<<< ROUND 2 JUDGE! >>>

LOSE...   WIN!!

🧑‍🦰 하지만 도덕은 그 사용 방식에 따라 위험해질 수도 있다고 생각해요. 도덕을 이용해 상대를 굴복시킬 수도 있으니까요.

👴 무슨 말씀이신지…. 도덕에 굴복당했다면 그건 도덕적이지 않다는 뜻이지 않을까요?

🧑 아니, 꼭 그렇다고 할 수는 없죠. 요즘 회사에서 일어나는 갑질 문제 중 하나도 상사가 부하직원에게 도덕적 정론을 강요해서잖아요. 설령 그것이 합당한 도덕이라고 하더라도 그것을 무기로 삼아 상대를 압박할 위험이 있다는 거죠.

👴 음…. 도덕은 자기 내면의 기준이니까 상대에게 강요할 수 있는 게 아닙니다.

🧑‍🦰 칸트 선생님은 그렇게 생각할지 몰라도 실제로 강요당하는 일이 일어나요. 반대로 약자인 직원들끼리 똘똘 뭉쳐 상사를 몰아붙이는 일도 발생하고요.

KEYWORD

노예 반란
철학자 니체는 약자가 강자를 도덕으로 비판하며, 입장을 역전시키는 것을 '노예 반란'이라고 부르며 비판했다.

👴 그건 도덕의 사용법이 문제겠네요. 그렇게 도덕을 권력적으로 이용하는 건 좋지 않아요. 하지만 그만큼 도덕에 힘이 있다는 건 사용법과는 별개로 도덕 자체에 여전히 진리가 있다는 말이

겠지요. 적절히 사용하는 것을 전제로 도덕을 중시하는 게 핵심이라고 생각합니다.

중계   이 부분에서는 의견이 갈릴 수도 있겠네요. 니체 선생님은 앞
        에서도 등장하셨지만, 이런 말씀도 하셨군요.

해설   네. 도덕 비판이라는 내용인데요. 철학 역사상에서도 다양하
        게 논의되고 있어요.

중계   도덕은 중요하지만, 사용법에는 주의가 필요하겠네요.

<<< ROUND 3 JUDGE! >>>

Tip   칸트는 친구들과의 식사 자리에서 세계 정세 등 다양한 주제를 폭넓게 이야기하는 박식
       한 사람이었다. 다만 철학에 관한 화제만큼은 피했다고 한다. 사람들과 대화를 나누며
       철학을 논하기보다는 혼자 깊이 사색하는 타입이었던 듯하다.

21세기를 살아가는 현대인을 위한 철학

임마누엘 칸트 (1724~1804) … 프로이센(독일)의 철학자. 《순수이성비판》, 《실천
이성비판》, 《판단력비판》이라는 세 권의 비판서를 발표했다.

정론을 소개하는 것은 알 수 없다

칸트는 인간의 이성 능력 자체를 탐구한 《순수이성비판》을 저술했
다. 이 책은 매우 난해한 철학서지만, 한마디로 요약하면 '인간은 세상에
대해 어디까지 알 수 있는가'를 규명하는 철학이다.

그는 당시 사람들이 믿고 있던 신이나 영혼 등에 대해 '사람들은 이것
을 경험할 수 없기 때문에 알 수 없다'고 논증했다(훗날 그의 주장은 또다
시 반박의 대상이 되었지만).

도덕을 실천하기 위해서는 신과 영혼 등이 필요하다

이러한 '경험할 수 없는 영역'은 사물을 과학적으로 인식하려는 이성
(이론 이성)으로는 알 수 없지만, 도덕적 실천을 위해서는 반드시 필요하
다. 칸트는 도덕적 실천에 관한 이성(실천 이성)의 방향에서 다시 한번 신
과 영혼, 자유 등에 대해 추구했다.

그중에서도 '인간에게 자유가 있는가'라는 주제는 칸트에게 중요한 철

학적 과제였다. 그는 인간의 자유를 두 가지로 구분했다. 하나는 '외부로부터 구속받지 않는 자유(외적 자유)'와 '자신의 의지를 자발적으로 결정할 수 있는 자유(내적 자유)'가 있다고 외쳤다. 또한 칸트는 욕망에 따라 행동하는 것은 '의지의 자발성'이 없어 자유가 아니라고 생각했다. 욕망에 따르는 삶은 바꿔 말하면 욕망에 구속된다는 뜻이기에, 본능에 지배받는 동물과 다를 바 없다고 했다.

도덕에 보편적 법칙을 확립했다

칸트는 자유를 단순히 욕망에 따라 움직이는 것이 아니라 '이성의 명령에 따라 의지의 자율을 실천하는 것'이라고 정의했다. 여기에서 말하는 '자율'이란 스스로 자신의 욕망을 억제하고 조절하는 것을 의미한다.

그는 도덕 법칙을 세우고 자신이 결정한 행위를 모든 사람이 동시에 실행할 때, 과연 세상이 좋아질지 생각한 다음 행동하라고 했다. 예를 들어, 모든 사람이 '쓰레기를 함부로 버리는 행위'를 동시에 한다면, 온 세상이 쓰레기 천지가 되어 더는 쓰레기를 버릴 수 없는 지경이 될 것이다. 칸트는 이런 사고방식을 통해 도덕적으로 행동하자고 주장했다.

무조건적으로 좋은 일을 하면 도덕적일까?

칸트에 따르면, 도덕적 행동은 무조건적인 명령(정언 명령)이다. 그는 도덕은 언제나 변함없이 존재하는 것이며, 욕망에 휩쓸리지 않도록 '명령'의 형태로 나타난다고 보았다.

또한 칸트는 결과보다 '동기'를 중시했다. 자신이 불이익을 당하더라도 선을 수행한다는 태도를 강조한 것이다(동기설). 그의 도덕관은 다소

엄격하다고도 생각할 수 있지만, 결과적인 이익을 중시(결과설)하기 쉬
운 현대에서는 참고할 부분도 있지 않을까.

취향존중러

소크라테스

'사람마다 생각이 다르다'라는 사고방식은 좋을까?

웬만하면 '사람마다 생각이 다르다'는
사고방식으로 정리되지 않나요?

✳

취향존중러

SNS 같은 데 보면 싸우는 사람들이 너무 많아요. '저 녀석은 틀려먹었다'든가 '내 말이 옳다'라고 우기면서요. 하지만 이런 싸움은 대부분 '사람마다 생각이 다르다'는 사고방식으로 해결되지 않나요? 흔히들 그러잖아요. **'누군가에게 정답이 누군가에게는 오답이다'**.
다양성이 인정되는 요즘 시대에 '어떤 하나의 진리' 같은 건 없다고 생각해요. 하지만 이런 말에 반대하는 사람도 있어서 다른 의견도 좀 들어보고 싶어요.

'어떤 하나의 진리는 없다'라고 했는데, 나는 보편적 진리는 존재한다고 생각하네. 그래서 다양한 사람들과 문답을 해왔지. 이런 질문이 여전히 이어지고 있다니 흥미롭구먼.

'사람마다 생각이 다르다'라는 사고방식은 좋을까?

YES   **VS**   NO

취향존중러   소크라테스

«« ROUND 1 START! »»

의견 충돌이 있을 때 '사람마다 생각이 다르다'는 사고방식이면 다 해결되지 않나요? 모두 그만 좀 싸웠으면 좋겠어요.

마치 고대 그리스에서 유행하던 상대주의의 영향을 받은 것 같구먼. 하지만 다양하다고 해서 뭐든 좋다고 할 수는 없어. 상대주의가 극한에 이르면 서로가 이해할 수 없게 될지도 모른다네.

하지만 실제로 세상에 답이 하나인 경우는 거의 없잖아요.

답이 나오지 않으면 거기서 그만두는 게 상대주의의 한계라네. 반면, 좀 더 지식을 추구하는 것이 철학이지. 상대주의는 일종의 사고 정지 같은 것일세.

상대주의

그리스 시대의 소피스트(변론술과 지식을 가르치는 교사) 중 한 사람
이었던 프로타고라스는 '인간은 만물의 척도다'(사람은 제각각 기준
을 가지고 있다)라고 말했다. 후에 소피스트는 절대적 진리를 부정하
고 진리의 상대성을 주장하게 되었다. 상대주의에 의하면, 사람마다 다
양한 가치관이 있고 하나의 보편적 가치는 존재하지 않는다.

하지만 '사람마다 다르다'라는 입장을 취하더라도 모두 자기 의
견은 가지고 있으니까 사고 정지는 아니지 않나요?

아니, 상대주의가 진행되면 사람들은 더 이상 논의를 하지 않게
된다네. 사람마다 다르다는 건 '나는 나, 너는 너'라는 뜻이잖나?
즉, 의논이 거기서 발전하지 않고 무언가를 더 이상 생각하지도
않는다네. 그것이 자네가 빠진 바로 '사고의 정지'라는 걸세.

중계   맞아요! '뭐 사람마다 다르겠지'라고 말하면 거기서 이야기
는 끝나 버리잖아요.

해설   네. 소크라테스 선생님은 개인이 각자 가지고 있는 생각을
끝까지 파고들면 누구나 공통된 진리에 도달한다는 사실
을 기대한 거예요. 그것이 바로 철학이지요.

중계   소크라테스 선생님의 사상에 따르면, 상대주의라는 건 진리
에 도달하기까지의 통과 지점 같은 것이겠네요.

더 큰 문제는 무엇인지 아는가? '뭐, 사람마다 다르겠지'라면서 생각하기를 멈추면 마치 자신이 '뭔가를 알고 있다'는 착각에 빠지게 된다는 것일세.

그래요? 그렇다고 제가 뭘 딱히 착각하고 있는 것 같지는 않은 데….

과연 그럴까. 예를 들어보겠네. 자네는 거짓말하는 게 좋다고 생각하나?

거짓말이요? 당연히 하면 안 좋죠.

그래? 그렇다면 이런 경우는 어떤가? 병에 걸린 친구가 있는데 약 먹기를 싫어해. 그래서 약을 먹이려고 밥에다 몰래 약을 섞여 먹였다면, 이건 괜찮나?

글쎄요, 그런 경우라면 괜찮지 않나요?

바로 그거라네. 자네는 거짓말을 하는 게 좋은 건지 나쁜 건지 사실은 잘 모르고 있는 거야.

21세기를 살아가는 현대인을 위한 철학

그런 경우라면 괜찮지 않냐고 했잖아요. 그럼 선생님은 어떤데 요? 거짓말하는 건 좋은 건가요, 나쁜 건가요?

그걸 내가 어찌 알겠는가.

참 이상하시네요. 저한테 물어보시고는 잘 모르시겠다고요?

그게 내 철학의 핵심이라네. 난 그리스에서 다양한 정치가들에 게 '지(知)'에 대해 문답해 왔지만, 결국 그들은 끝까지 답을 하지 못하고 궁지에 몰리고 말았다네. 그러니 적어도 한 가지 생각 에 빠진 그들보다는 내가 더 현명하다고 할 수 있어. 모른다는 것을 알고 있으니 말이야.

모르는 게 현명하다고요? 왜죠? 알지 못하니까 현명하지 못한 거 아닌가요?

우리는 선악과 정의에 대해 하나도 몰라. 그런데 그들은 잘 모르 면서 안다고 착각하고 있어. 하지만 나는 모르는 것을 안다고 착 각하진 않아. 그런 점에서 그들보다 현명하다고 할 수 있는 게지.

KEYWORD

무지(無知)의 지(知)

무지의 지란, 자신이 무지하다는 사실을 깨달은 사람은 그렇지 못한 사 람보다 현명하다는 것을 말한다.

소크라테스는 어느 날 친구에게서 '아테네에 소크라테스보다 현명한 자는 없다'라는 신탁을 전해 들었다. 그는 자신이 가장 현명한 사람은 아니라고 생각했기에, 이를 확인하기 위해 아테네의 지식인들과 문답 을 나누기 시작했다. 그런데 대화를 나눌수록 지식인들은 소크라테스 의 질문에 논파되었고, 그는 그들이 진정한 지식인이 아니라는 사실을 깨달았다. 이에 소크라테스는 '그들은 모르는 주제에 아는 것처럼 자만

하지만, 적어도 나는 모르면 모른다고 한다'라며 그들보다 자신이 현명하다는 결론에 이르렀다.

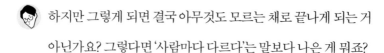 하지만 그렇게 되면 결국 아무것도 모르는 채로 끝나게 되는 거 아닌가요? 그렇다면 '사람마다 다르다'는 말보다 나은 게 뭐죠?

중계   그렇게 생각할 수도 있겠네요! '모른다는 것을 알고 있다'에
       서 끝나 버리면 '사람마다 다르다'는 의견보다 나은 게 없어
       보여요.
해설   이번에는 취향존중러 씨가 유리해 보이네요. 하지만 거기서
       끝나지 않는 것이 '앎'에 대한 추구예요. 소크라테스 선생님
       시대에 명확한 답이 도출된 건 아니지만, 여기서부터 새로운
       철학이 시작되었다고 볼 수 있어요. 그리고 이건 현대의 철학
       과도 연결되고요.
중계   그렇군요! 자, 소크라테스 선생님과의 대화가 앞으로 어떻게
       전개될지 궁금하네요.

‹‹‹ ROUND 2 JUDGE! ›››

21세기를 살아가는 현대인을 위한 철학

아니, 그렇게 끝나긴 않아. 철학에서는 사람들이 믿고 있는 생각에 의심을 제기하고 따져 그에 대해 따져 물을 수 있지. 바로 문답법을 통해서 말이야. 이러한 문답을 계속하다 보면 '사람마다 다르다'는 생각을 넘어서 보편적인 개념에 가까워진다네.

KEYWORD

문답법

문답법이란, 자신의 의견을 일방적으로 설명하는 것이 아니라 상대에게 질문을 던져 본질을 명확히 찾아 나가는 방식이다. 예를 들어, 앞서 이야기한 거짓말에 관한 문답이 그 좋은 예이다. 이처럼 상대에게 질문을 던지면 상대는 자신의 무지를 자각한다. 거기서 문답을 계속 이어가면 개별적인 생각에서 벗어나 보편적인 개념으로 확장이 이루어진다.

그러니까 결국 사람들에게는 논쟁이 필요하다는 말씀인가요?

아니, 문답법은 논쟁에 포함된 것이긴 하나, 상대에게 질문을 이어간다는 점에서 다르다네. 질문을 던지고 대답을 받는 방식을 반복하다 보면 하나의 답이 보이기 시작할 걸세. 물론 답이 나오지 않을 때도 있지. 단, 질문을 받는 쪽의 무지의 지는 분명해진다네. 자신은 알고 있다고 생각했는데 실은 모르고 있었다는 사실을 말이야.

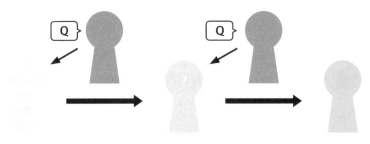

소크라테스는 문답을 통해 사람들에게 무지를 일깨우거나 이해를 돕고자 했다

그런데 실제로 그렇게 해서 어떤 답이 도출된 적이 있나요? 철학은 질문만 많고 답이 나오지 않는 경우가 많잖아요.

답이 나오지 않아도 사람은 답을 찾는다네. 그게 철학(필로소피아)이라는 것일세. 그리고 적어도 전보다는 아는 것이 많아지지.

그래요? 하지만 문답을 한다고 해서 다양성이 있는 요즘 세상에 누구에게나 통용되는 사고방식을 정말 찾을 수 있을까요?

있고말고. 이를테면 나는 여러 문답을 통해 아레테(덕)야말로 가장 중요한 것임을 알 수 있었다네. 아레테는 모든 사람이나 사물에 내재된 본래의 '우수성, 탁월성, 성능의 훌륭함' 같은 성질을 의미하지.

아레테(덕)

아레테(덕)는 모든 사람이나 사물 그 자체에 내재된 본래의 '우수성, 탁월성, 성능의 훌륭함'을 의미한다. 이는 그 사물이나 사람이 본래의 기능을 가장 잘 발휘되는 상태에 가깝다. 예를 들어, 컵의 아레테는 '새지 않는다', '마시기 편하다'와 같은 특징들이고, 식칼의 아레테는 '잘 썰린다', '잡기 쉽다' 등이 이에 해당한다.

21세기를 살아가는 현대인을 위한 철학

아레테요? 하지만 그게 우리 인간과 무슨 관계가 있나요?

나는 문답을 통해 인간에게 아레테란 '영혼의 우수한 존재 방식', '영혼의 탁월성'이라고 생각했어.

흔히 좋은 인생이라 하면 '돈을 버는 것이 중요하다'든가 '명예를 얻는 것이 중요하다'든가 사람마다 제각각 가치관이 있는 법이지. 하지만 그 근본에 '영혼의 탁월성'이라는 아레테가 있어야 좋은 인생을 살게 된다네.

음…. 문답으로 알 수 있는 것도 있군요. 그렇다 하더라도 어떻게 영혼을 탁월하게 한다는 건가요?

그것을 알기 위해서라도 문답을 계속할 필요가 있다네. '사람마다 다르다'는 식의 생각으로 사고를 멈추지 말게. 그런 틀에서 벗어나 보편적 진리를 추구해 나가는 것이 중요해. 내가 문답을 추구했듯이 자네의 문답도 이제 막 시작되었다고 생각하게나. 최소한 '사람마다 다르다'는 이유로 논의를 회피하거나아는 체하는 것보다는 나을 걸세.

Tip 소크라테스의 어머니는 산파였다고 한다. 이와 관련하여 소크라테스의 문답법은 문답의 과정에서 진리가 태어난다는 뜻에서 '산파술'이라고 불렀다.

음…. 하긴 그동안 논쟁을 너무 회피한 경향이 있었던 것 같아요.

중계 '사람마다 다르다'는 식의 생각이 습관이 돼 버리면 사고 정
     체에 빠질 수도 있겠네요.

해설 네. 우리는 귀찮은 나머지 '뭐, 사람마다 생각이 다 다르겠지'
     하며 넘어가기 쉽지만 그런 사고방식에서 벗어나는 것이 중
     요한 것 같아요.

중계 역시 소크라테스 선생님의 철학은 지금까지도 우리에게 질
     문을 던져 주고 계시네요.

21세기를 살아가는 현대인을 위한 철학

소크라테스 (기원전 470년경~ 기원전 399) ⋯ 고대 그리스의 철학자. 윤리학(도덕철학)의 시조라 불린다. 플라톤은 그의 제자이다. 저서는 없다.

'사람마다 생각이 다르다'는 주의가 만연했던 그리스 사회

기원전 5세기경, 그리스 사회가 민주화되자 그때까지의 낡은 사고방식으로는 새로운 민주 사회를 만족시킬 수 없게 되었다. '이것이 옳다'라는 보편적 진리가 모호해진 것이다. 그러한 상황 속에서 '사람마다 다르다'는 제각각주의, 이른바 상대주의의 입장을 취하는 소피스트(변론술과 지혜를 가르치는 교사)가 등장했다.

소피스트의 대표자는 프로타고라스(기원전 490년경/485년~기원전 415년/410년)와 고르기아스(기원전 485년경~기원전 385년경) 등이다. 특히 프로타고라스의 '인간은 만물의 척도다'라는 인간 척도론이 유명하다. 그리고 프로타고라스의 가르침은 후대에 '어떠한 논의에도 상반되는 두 가지 사고방식이 존재한다'는 내용으로 발전하였고, 이는 '궤변을 활용하면 상대를 논파할 수 있다'는 인식으로까지 이어졌다. 이처럼 그리스 사회에서는 '사람마다 다르다'는 상대주의적 사고가 널리 퍼지게 되었다.

그리고 등장한 인물이 소크라테스다. 소크라테스는 소피스트와 대화를 이끌어 나가며 차례차례 논파해 나갔다. 자세한 내용을 알고 싶다면 《플라톤의 대화편》에서 〈고르기아스〉를 추천한다. 잘난 체하는 소피스트가 쩔쩔매게 되는 통쾌한 전개다.

덧붙이자면 소크라테스는 저서를 남기지 않았기 때문에 소크라테스와 제자 플라톤의 사상이 뚜렷이 구분되지는 않는다. 그래서 플라톤의 대화편 등을 통해 그들의 사상이 다양하게 추측되고 있다.

소크라테스가 논쟁에 강했던 이유는 스스로 답하지 않고 질문을 통해 답을 얻는 문답법을 이용했기 때문이다. 그는 소피스트에게 '선이란 무엇인가', '이런 경우는 어떠한가', '예외도 있지 않을까' 등의 질문을 쏟아내며 소피스트들을 궁지로 내몰았다.

당연히 내몰린 측은 유쾌할 리 없었다. 또 젊은이들은 소크라테스를 따라 어른의 말을 논파하려 들었기에 그는 사람들의 반감을 샀다. 그리하여 소크라테스는 젊은이들을 타락시켰다는 이유로 재판에 회부되었고 사형을 선고받았다.

소크라테스는 문답을 통해 상대주의가 빠지기 쉬운 '(실제로는 아무것도 알지 못하는데도) 무언가를 알고 있다고 착각하는 문제점'을 지적했다. 그는 보편적 답을 찾기 위해 문답을 이어왔던 것이다. 참고로 소크라테스는 사형을 선고받고도 '죽음이 무엇인지 모르는 이상, 그것을 두려워할 수는 없다'라며 의연한 태도를 보였다.

우리는 상대주의적인 현대 철학의 영향을 받아 '사람마다 다르다'는 사고방식을 쉽게 지지하게 된다. 하지만 때로는 '윤리학의 아버지'라 불린 소크라테스의 입장에서, '절대적이고 보편적인 진리'의 존재에 대해 깊이 생각해 보는 것도 의미 있지 않을까?

투표 안 하는 남성

정치철학자

정치에 관심이 없으면
안 되는 걸까?

청년 투표는 별 의미 없다고 생각합니다.

✳

투표 안 하는 남성

'청년 투표율이 낮으니 투표하러 가자'고들 하는데, 저는 회의적인 입장이에요.
저출산 고령화 사회에서 어차피 청년은 소수에 속하잖아요? 청년 투표율이 조금 올라간다고 해서 선거 결과가 뒤바뀔 일도 없고요.
게다가 **요즘 같은 시대에 정치인으로 누가 당선되든 크게 달라질 건 없다**고 생각해요. 그러니 투표할 마음이 안 생기죠.

확실히 현대 일본에서는 청년 투표율이 낮아지긴 했습니다. 참 안타까운 현상이지요.
내게 영향을 준 철학자 한나 아렌트는 **사람들이 정치에 참여하지 않는 것의 위험성**을 설파해 왔어요. 투표하지 않는 사람들이 꼭 알았으면 하는 내용입니다.

정치에 관심이 없으면 안 되는 걸까?

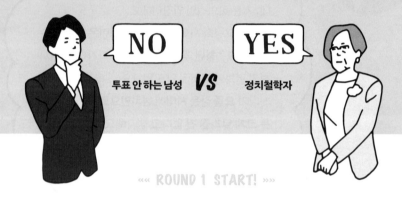

NO　VS　YES

투표 안 하는 남성　VS　정치철학자

<<< ROUND 1 START! >>>

일본에서는 2016년부터 18세 이상이면 누구나 투표할 수 있게 되었지만, 청년 투표율은 여전히 오르지 않고 있어요. 저 또한 적극적이지 않고요. 투표를 꼭 해야 할까 싶어요.

그건 좋지 않은 생각이에요. 투표하지 않는 사람이 늘고 있다는 건 정치에 참여하는 사람이 줄고 있다는 뜻이니까요.

하지만 어쩔 수 없지 않나요? 요즘 같은 시대에 누가 정치를 한들 세상이 좋아질 리 없잖아요. 그러니 정치에 무관심할 수밖에요.

흠…. 혹시 한나 아렌트라는 정치철학자를 알고 있나요? 그녀에 대해 알면 정치에 조금은 흥미가 생길지도 모릅니다. 그녀는 독일 출신의 유대인 철학자이자 사상가예요.

한나 아렌트 1906-1975
정치철학자·사상가. 히틀러 정권이 출범한 이후 미국으로
망명했다. 저서《전체주의의 기원》을 발표했다.

독일 출신 유대인….

그래요. 그녀는 히틀러가 정권을 잡자 1933년에 파리로 망명했
어요. 하지만 그 후, 독일이 파리를 점령해서 뉴욕으로 망명했
지요. 그리고 나서《전체주의의 기원》을 저술했어요.

전체주의

전체주의란, 개인의 자유와 인권보다 국가·민족의 이해를 우선시하는
정치 사상이다. 전체주의에서는 국가 이익을 우선하기 때문에 개인의
자유가 억제되는 일도 있다.

전체주의요? 요즘 시대와는 별 관계가 없는 듯한데요.

아니, 그렇지 않아요. 사람들이 자신의 의견을 펼치지 않고 주
위에 동조한 탓에 나치스 정권이 생겨났으니까요. 많은 사람이
정치에 참여해 미래를 구축해 가지 않으면 권력자에게 조종당
하게 될지도 모릅니다.

하지만 정치 내용이 복잡해서 알기 어려운 경우도 있잖아요.
후보자가 주장하는 바가 무엇인지 잘 모르겠단 말이죠.

신문에 나와 있을 텐데 읽어보긴 했나요?

아뇨. 스마트폰으로 뉴스를 보다가 유료로 전환되는 일도 있고

해서…. 굳이 말하자면 SNS에서 가끔 보는 정도인데 그다지 흥
미는 없어요.

그렇게 일부만 보게 되면 한쪽으로 치우친 정보를 얻을 수 있어
요. 나치 정권의 프로파간다까지는 아니겠지만, 만약 그것과
비슷한 정보 조작이 있는 경우, 눈치채지 못할 수도 있습니다.

나치 정권의 프로파간다

전체주의 사회에서는 개인이 귀속 의식을 잃고, 쉽게 휩쓸리는 대중이
되어 소속감을 느낄 수 있는 허구적 희망을 추구하는 경향이 있다. 이러
한 심리는 나치스의 프로파간다를 강화하는 데 활용되었다.
나치스는 대중에게 '백색 민족과 유색 민족', '고귀한 혈통과 열등한 혈
통'이라는 잘못된 가치관을 주입함으로써 소속감을 형성하려 했다. 이
를 통해 히틀러는 '독일인은 아리아인이며, 유대인은 독일인이 아니
다'라는 도식을 적극적으로 선전했고, 대중은 이에 동조하게 되었다.

중계   여기서는 정치철학자 선생님이 유리해 보이네요. 나치스 정

       권 같은 옛날이야기가 나와서 우리와는 관계가 없다고 생각

       했는데 그렇지도 않은가 봐요.

해설   네. 나치스에 대한 정치 비판을 계기로 다양한 철학이 생겨났

       으니까요.

Tip   한나 아렌트는 하이데거(142쪽)의 제자이자 연인이었다. 훗날 두 사람이 헤어진 후 하이
          데거는 나치스를 지지하고, 한나 아렌트는 전체주의를 비판했다.

🧑‍🦳 학교에서도 세계사나 공법 같은 과목(사회, 정치, 경제, 법)을 통해 정치에 대해 공부한다던데, 그럼에도 흥미가 안 생기던가요?

🧑 학교 공부는 시험 대비가 중심이라 정치에 별 흥미가 생기지 않았어요. 주입식 교육이잖아요.

🧑‍🦳 그렇군요. 학교에서 정치에 대해 서로 다양한 의견을 공유하는 수업은 아니었나 보네요.

🧑 당연하죠. 선생님이 학생들에게 일방통행하는 수업이랄까요. 최근에는 사회과목에서 사고의 기회를 늘린다는 방침이 진행되는 모양인데 그것도 효과가 있을까 싶어요. 어차피 정치에 대해 의견을 나눠봤자 그저 끌려다니지 않을까요?

🧑‍🦳 음…. 당신 세대는 학생 때부터 자기 의견을 가지는 훈련을 하지 못한 것 같군요. 그렇지만 매사 남에게 맡겨 버린다면 정치의 독재화가 일어날 수 있어요. 그러니 청년이 선거에 나가 정치를 바꿔야 합니다.

하지만 요즘 같은 저출산 시대에 청년은 어차피 소수잖아요. 청년이 선거에 참여해도 영향력이 미미하니까 결국 나이 든 사람들이 이길 게 뻔해요.

그럼 이렇게 생각해 보면 어떨까요? 비록 선거에 미치는 영향력은 모자라도 정치에는 참여하겠다는 결의를 다진다면요?

영향력은 모자라도 정치에는 참여한다? 그게 무슨 의미가 있을까요? 괜한 헛수고일 것 같은데….

정치에 참여하겠다는 생각을 가지면 정보를 적극적으로 수집하고 몸을 움직이게 됩니다. 그렇게 다수의 사람이 공공의 장에 참여해 의견을 나누다 보면 그 힘이 점점 강해지겠지요. 그러면 청년의 목소리가 연배가 있는 사람들에게 닿을지도 모릅니다. 한나 아렌트도 그렇게 말했고요.

정치에 대해 이야기를 나누는 것의 중요성

한나 아렌트는 저서 《인간의 조건》에서 고대 그리스를 예로 들며 인간의 기본 활동을 '노동(labor), 일(work), 활동(action)'으로 구분했다. '노동'은 생활의 양식을 얻기 위한 생명 유지 활동이다. '일'은 도구 제작 같은 문화적 활동이다. 그리고 '활동'은 인간이 노동과 일 외의 시간을 이용해 정치에 대해 이야기를 나누는 자유로운 언어 활동이다. 한나 아렌트는 시민에 의한 자유로운 활동이야말로 공유 정치 공간의 역할(공공성)을 한다고 주장했다.

음…. 정치에 참여하겠다는 생각을 가지면 사람과 정보를 주고받게 된다는 말이군요.

21세기를 살아가는 현대인을 위한 철학

이 세계에는 다양한 사람이 있어요. 아렌트는 이것을 복수성이라고 불렀지요. 각자 개성을 지닌 사람들이 저마다 정치에 참여하여 모두 함께 공공성을 유지해 나가면 정치의 편 가르기를 완화할 수 있습니다.

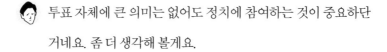

복수성

사람은 각자 개성을 지닌 존재라서 하나로 묶을 수는 없다. 아렌트는 이것을 '복수성'이라고 불렀다. 전체주의에서는 개성 있는 사람이나 소수자를 박해하는 경향이 있다. 아렌트는 전체주의의 출현을 막으려면 다양성을 가진 사람들이 정치에 참여해야 한다고 주장했다.

투표 자체에 큰 의미는 없어도 정치에 참여하는 것이 중요하단 거네요. 좀 더 생각해 볼게요.

중계   투표 자체에는 별 의미가 없을 수도 있지만, 원리적으로 많은 사람이 정치에 참여하지 않으면 세상이 위태로워질 수도 있겠네요.

해설   그래요. 아렌트처럼 정치의 원리를 생각하는 것이 정치철학이에요. 정치철학을 공부하면서 세상사를 생각하면 다양한 깨달음을 얻게 돼요.

중계   네. 정치철학이라는 분야가 있었군요. 이번 기회에 정치에 관심을 가지고 뉴스 등을 볼 때도 참조하면 좋을 것 같아요.

21세기를 살아가는 현대인을 위한 철학

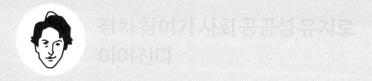

정치 참여가 사회 공공성 유지로
이어진다

한나 아렌트 (1906~1975) … 독일 출신. 미합중국의 사상가·정치철학자. 전체주의
를 분석했다. 저서로는《전체주의의 기원》등이 있다.

남성 속에서 사유한 철학자, 한나 아렌트

독일 출신의 유대인 여성 철학자·사상가인 한나 아렌트는 히틀러 정
권을 피해 1933년 파리로 망명했다. 그러나 1940년, 프랑스가 독일에 항
복하자 탈출을 감행했고, 이듬해인 1941년 뉴욕으로 망명하였다.

그리고 1951년에 그녀는《전체주의의 기원》을 썼다. 이 책은 귀속 의
식을 상실한 대중이 나치스의 인종적 이데올로기에 기대어 소속감을 찾
는 과정을 분석한 내용이다.

국가적 일치로 인해 표적이 된 유대인

아렌트에 따르면, 19세기 유럽은 문화적 연대를 기반으로 결속된 국
민국가였다. 국민국가란 국민주의와 민족주의의 원리를 바탕으로 형성
된 국가이다. 국민주의에서는 국민이 서로 대등한 권리를 가지고 민주
적인 국가 형성을 추구한다. 또한 국민주의에서는 같은 언어와 문화를
가진 사람들이 자신의 정치적 자유를 찾아서 국경에 의한 분단을 극복

하면서 하나로 뭉치는 것을 목표로 한다. 그런데 당시의 국민들은 부유층과 빈곤층으로 나뉘어져 있어서 사람들은 유대감을 거의 느끼지 못했다.

한편, 유대교라는 공통된 정체성을 가지고 있었으며, 계급사회에서도 독립적인 위치를 유지하고 있었다. 이러한 상황 속에서 유대인은 히틀러 정권의 눈엣가시가 되고 말았다.

국가가 위기에 처하면 사람들이 휩쓸리기 쉽다?

본래 국민국가는 영토, 국민, 국가를 역사적으로 공유하는 개념이지만, 제국주의 단계에 접어들면 다른 민족을 동화시키고 그들에게 '동의 略'를 강요할 수밖에 없다. 이러한 상황에서 위기감이 고조되면 개인은 귀속 의식을 잃고 대중 속에서 휩쓸리기 쉬운 존재가 된다.

사람은 고립될수록 무력감에 사로잡히고, 소속감을 느낄 수 있는 무언가에 의지하려 한다. 나치스는 이 점을 교묘히 이용하여 '민족'과 '혈통'이라는 왜곡된 기준으로 사람들에게 '소속감'을 부여했다.

결국 나치스는 아리아인의 혈통을 이어받은 사람들을 우대하며, 합법적인 방식으로 유대인을 배제해 나갔다.

적극적인 정치 참여가 공공성을 담보한다

이 땅에는 한 사람이 아닌 수많은 사람이 함께 살아가며, 각 개인은 저마다 특별하여 하나의 틀에 가둘 수 없다. 아렌트는 이를 '복수성'이라고 불렀다. 이처럼 다양한 사람이 살아가는 사회에서는 '공공성 확보'가 중요하다. 그러나 사적 공동체의 근저에는 생존 본능, 예를 들어 식욕 같은 본능이 자리 잡고 있다(이를 '공통 본성'이라고 한다). 그래서 세상이 패닉에 빠지면 사람들은 모든 것을 타인에게 맡기고, 공공성을 쉽게 잃게 된다.

아렌트는 '대중이 독재자에게 일을 맡기는 것은 대중 스스로가 악을 범하고 있는 것이다'라고 외쳤다. 이와 같은 우를 또다시 범하지 않기 위해서라도 정치에 관심을 가지고 적극적으로 참여해야 할 것이다.

대도시 선호 여성

포스트모던 사상가

명품을 좋아하면 안 될까?

어차피 살 거면 브랜드 있는 게 좋지 않나요?

✳

대도시 선호 여성

전 이왕 살 거라면 고급스러운 게 좋아요. 명품으로 온몸을 치장하는 건 아니지만 하나쯤은 포인트로 착용하고 싶어요. 식사도 기왕이면 화려하고 멋진 식당에 가서 하고 싶고요.
저 같은 타입을 물질 만능주의라고 한다는 것도 알아요. 그런데 명품이나 멋진 식당이 열심히 일하는 데 동기 부여가 되기도 해요. 이게 뭐 잘못된 건가요?

브랜드 상품이 매력적이긴 하지요. 하지만 **브랜드는 사실 그 품질이 아닌 '기호'로서의 가치가 큽니다.**
그걸 자각하지 못하면 단순히 기호에 이끌려 돈을 펑펑 쓰게 될지도 몰라요.

명품을 좋아하면 안 될까?

NO   YES

대도시 선호 여성   VS   포스트모던 사상가

«« ROUND 1 START! »»

🙍‍♀️ 전 어차피 살 거면 고급스러운 물건이 좋다는 주의예요. 다만 너무 화려해 보이지 않게 요즘 유행하는 패션도 적당히 섞어서 입어요. 이태원, 압구정, 한남동 같은 곳에 좋아하는 매장이 많답니다.

🙍‍♂️ 그건 철학자 보드리야르의 '사물의 형식적 의례'라는 사고방식일 수도 있겠네요. 풍요로움은 현실에 존재하지 않지만, 그 유효성을 믿는 것이지요.

 장 보드리야르 1929-2007
프랑스의 철학자·사상가. 포스트모던 사상가 중 한 명으로 여겨지고 있다. 저서로《소비 사회의 신화와 구조》가 있다.

무슨 말씀이세요? 명품을 지니고 있다는 건 자본주의 사회에서의 성공을 만끽하고 있다는 뜻이니까 유효하죠.

나는 명품 자체를 부정하는 게 아닙니다. '사물의 형식적 의례'란, 상품이 그 사용 가치를 넘어선 어떤 교환 가치를 가진 상태를 말해요. 이것을 설명하기 위해 당신에게 물어보고 싶은 게 있습니다. 명품백과 에코백 중 어느 게 좋은가요?

둘 중 고르라면 당연히 명품백이죠.

하지만 두 쪽 '모두 가방'이라는 점에선 같습니다. 즉, 사용 가치로서는 명품백도 에코백도 모두 똑같은 셈이지요. 그런데도 명품백이 더 고가인 이유는 그것이 사용 의도를 넘어 취향적 가치를 지니고 있기 때문입니다. 저는 쓰임새가 같다면 더 저렴한 쪽을 고르겠어요.

사용 가치·교환 가치

사용 가치는 상품이 필요를 충족시키는 유효성을 의미한다(예를 들어, 가방은 물건을 담아 운반하는 가치). 교환 가치는 어떤 상품이 다른 상품과 교환될 때의 가치를 의미하며, 보통 가격으로 표현된다. 명품은 사용 가치를 넘어서는 교환 가치를 가지고 있기 때문에 고가로 판매된다.

꼭 그렇다고 할 수는 없어요. 명품이 비싼 이유는 소재의 품질이나 제작 과정에도 큰 영향을 받습니다. 예를 들어, 에코백은 소재가 저렴하고 제작 과정이 간단해서 가격이 낮은 거죠. 역사적으로도 명품이 세계적으로 유행한 이유는 그 제품들이 쉽

게 망가지지 않고 튼튼하기 때문이에요. 품질이 뛰어나니까 고
가로 유지되는 것이죠.

중계   양쪽 주장 모두 우열을 가리기 힘드네요. 명품에는 기호적
　　　가치도 있지만, 실제로 품질이 좋은 제품들도 많으니까요.
해설   네. 그런데 한편으로는 잘 만들어진 모조품을 원하는 사람
　　　도 있기 때문에, 로고 같은 기호적 가치가 여전히 중요한 의
　　　미를 지닌다고 볼 수 있죠.

<<< ROUND 1 JUDGE! >>>

<<< ROUND 2 START! >>>

품질이 좋아서 비쌀 거라는 생각은 모든 상품에 적용되지 않아
요. 명품이 유행하기 시작한 초기에는 실제로 품질이 우수했던
것이 사실입니다. 하지만 현대 사회에서는 거의 모든 상품이
대량 생산되기 때문에 품질만으로는 가격을 설명할 수 없어요.
즉, 높은 가격이 꼭 품질 때문만은 아니라는 뜻이죠. 명품이 비

싼 이유는 그 상품을 생산하는 데 비용이 많이 들어서도, 다른 상품에 비해 특별한 기능이 있어서도 아닙니다.

🙍‍♀️ 그렇다면 디자인에 공을 들였기 때문에 가격이 더 비쌀 수도 있지 않나요? 언뜻 봐도 디자인에 신경 쓴 흔적이 보이잖아요. 그래서 저는 명품이 그만큼의 가치를 지닌다고 생각해요.

🧑 맞아요. 명품에는 분명 공들여 만든 디자인이 많습니다. 하지만 그 디자인은 기능적 차이보다는 기호 차이를 나타내기 위한 것이라고 생각해요. 명품의 가치는 결국 다른 상품과의 취향 차이에서 비롯된다고 할 수 있죠.

기호

KEYWORD

소비되는 물건은 '기능'과 '기호'을 가지고 있다. 기능은 실질적인 도움이 되지만, 기호는 '타인과 차별을 둔다'라는 의미를 지닌다. 대중 사회에서 기호적 소비에 대한 욕망이 크기 때문에 명품이 가치를 가지게 된다고 여겼다.

🙍‍♀️ 그럼 명품을 가지고 있는 사람은 다른 사람과 차별을 두고 과시하려 할 뿐이라는 말씀인가요?

🧑 아까도 말했지만, 나는 브랜드 자체를 부정하는 게 아닙니다. 현대 사회에서 명품의 가치는 상품의 질보다는 '취향'에 있다고 이야기한 것뿐이에요.

🙍‍♀️ 저는 남들과 차별되는 물건을 사용함으로써 자신의 고유한 개성을 표현할 수도 있다고 생각해요. 기호를 통해 타인과의 차

이를 드러내고, 스스로를 더욱 특별하게 만드는 것도 괜찮다고 봅니다.

👤 대신 그만큼 돈이 들겠지요. 고급스러운 바에서 술을 마시려면 그만큼의 비용이 발생할 테니까요. 그 또한 비싼 가격에 기호적 가치를 소비하는 것일 수 있겠지만요.

👤 그것도 확실히 기호일 수 있겠죠. 하지만 기호 자체에 가치가 있다고 한다면, 그만큼 부가 가치도 따라온다고 생각해요. 실제로 명품매장에 가면 최신 유행을 알 수 있고, 고급 바에 가면 저명인사와의 인맥을 쌓을 수도 있으니까요.

중계 대도시를 선호하는 여성 분이 말씀하신 내용도 이해가 가요. 명품과 거주지의 가치가 기호적인 것이라고 해도, 그로 인해 얻을 수 있는 많은 장점이 있으니까요.

해설 맞아요. 포스트모던 사상가 선생님도 명품 그 자체를 부정하진 않으셨으니까요.

<<< ROUND 2 JUDGE! >>>

21세기를 살아가는 현대인을 위한 철학

그렇군요. 그런데 당신은 스스로 명품을 선택했다고 생각하는 모양인데, 사실 소비 사회에서는 누군가에 의해 무의식중에 조종당하고 있다는 생각은 안 해 봤나요?

아뇨. 제 의지로 명품을 선택한 거예요.

정말 그렇다면 상관없지만, 현대와 같은 소비 사회에서는 작은 차이로도 유행이 만들어집니다. 그래서 그 작은 차이 때문에 유행에 뒤처질까 봐 많은 상품을 계속 사들이는 게 아닌가 싶어요.

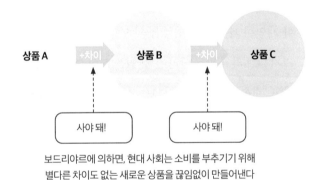

보드리야르에 의하면, 현대 사회는 소비를 부추기기 위해 별다른 차이도 없는 새로운 상품을 끊임없이 만들어낸다

사람들은 어느새 '차이' 그 자체가 중요하다고 여기게 된다

그래서 제가 금전적인 균형을 맞추기 위해서라도 명품과 패스트 패션을 섞어서 개성을 드러내고 있는 거예요.

질문을 조금 바꿔보겠습니다. 대도시에서는 현재 좋은 아파트에 살고 있더라도 계속해서 새로운 건물이 들어서면서 기존 아파트의 가치가 떨어질 가능성이 있습니다. 결국 더 좋은 곳을 찾아 이사를 고려해야 할 수도 있겠죠. 또한 대도시에서는 점포 교체와 임대 회전율도 빠르게 이루어지는데요. 이에 대해 어떻게 생각하시나요?

대도시를 좋아한다고 해서 꼭 대도시에 살진 않지만, 어쨌든 살고 싶은 마음은 간절하네요. 확실히 임대도 트렌드가 있죠. 그래도 멋진 아파트에 살면 동기 부여가 돼서 하는 일도 더 잘 될 것 같아요. 그것만으로도 전 충분하다고 생각해요.

음…. 제가 궁금한 건 당신의 취향이 실은 무의식적으로 유도된 게 아니냐는 겁니다.

한 개인이 과연 그런 취향을 지속할 수 있을까요? 유행에 뒤처지지 않으려고 별로 달라진 것 없는 신상 명품을 끊임없이 구매하고, 계속해서 이사를 다니는 것은 현실적으로 부담스러울 뿐만 아니라 지나치다는 생각도 듭니다.

하지만 유행이 만들어지는 것이라면, 저 같은 사람이 사라져도 또 다른 누군가가 대신할 겁니다. 소비 사회에서는 차이가 존재할 수밖에 없으니까요. 우리뿐만 아니라 현대 사회를 살아가는 사람들에게는 이것이 자연스러운 현상인 것 같아요.

그럴지도 모르지요. 그런 '기호화'가 심화된 것이 현대 사회의 특징이라고 볼 수도 있겠지요. 다만 보드리야르에 따르면, 원래 '기호'란 오리지널을 모방하기 위한 것이지만, 소비 사회에서는 오리지널보다 오히려 모방, 즉 '취향'이 더 중요한 가치로 자리 잡은 것 같습니다.

🙂 그럼 안 되나요?

🙂 기호화가 심화되면 최종적으로 사람들은 모방과 오리지널을 구별할 수 없게 돼요. 그렇게 되면 머지않은 미래에 가상 공간에서의 아바타를 위해 가상의 명품백을 고가에 사게 될지도 모릅니다.

Tip 보드리야르의 이러한 사고방식은 SF 영화인 〈매트릭스〉에도 영향을 주었다.

🙂 실제로 사용하지도 않을 거면서 명품을 사는 시대가 올지도 모른다는 말씀인가요? 그건 좀 별로인데요.

🙂 이미 상품은 단순한 물건이 아니라 '기호'로서 존재하며, 그 효용보다는 다른 상품과의 차이가 더 중시되는 경향이 있습니다. 그렇기 때문에 그런 시대가 오는 것도 그리 이상한 일은 아니죠. 현대 사회에서 물건은 사용 가치나 지속성을 위해 만들어지는 것이 아니라, 오히려 '소비되고 사라지기 위해' 생성된다고도 볼 수 있습니다.

🙂 그렇군요. 그래서 명품을 무조건 부정하는 것이 아니라는 말씀이셨군요. 생각해 볼 만한 계기가 된 것 같아요.

중계   사용하지도 않을 아바타의 명품을 위해 거금을 지불하는 시대가 올 수도 있다니, 조금 무섭게 느껴지네요.

해설   이미 게임 내에서도 '기간 한정 캐릭터 장비'를 구매하는 사람이 많잖아요. 그것과 비슷한 흐름일 수도 있죠.

중계 아... 저도 자주 결제하긴 하는데요.

해설 그게 정말 본인의 선택이라면 문제없지만, 소비 사회에서는
      구매 욕구를 자극하기 위해 미묘한 차이를 둔 상품을 끊임
      없이 만들어내요. 혹시 나도 모르게 그런 흐름에 휩쓸려 충
      동적으로 소비하고 있는 건 아닌지, 이번 기회에 점검해 보는
      것도 좋을 것 같네요.

<<< ROUND 3 JUDGE! >>>

LOSE...   WIN!!

장 보드리야르 (1929~2007) … 프랑스의 철학자. 포스트모던의 대표 사상가. 저서
로는 《소비 사회의 신화와 구조》 등이 있다.

'포스트모던 사상'이란?

프랑스의 철학자이자 사상가인 보드리야르는 《소비 사회의 신화와
구조》(1970)에서 소비 사회에 대해 분석했다. 그는 포스트모던 사상가
중 한 사람으로 여겨지고 있다.

'포스트모던'이란 프랑스의 철학자 장 프랑수아 리오타르의 대표작
《포스트모던의 조건》(1979)에 의해 유행한 말이다. 포스트모던은 근대
(모던)의 절대적인 가치나 기준을 의문시하고, 그것을 하나의 상대적인
관점으로 바라보며 그 종말을 주장하는 운동이었다. 하지만 이러한 사
상은 다양성을 내포하고 있어 한 가지로 규정할 수는 없다. 이 외에도 자
크 데리다, 질 들뢰즈와 같은 사상가들이 포스트모던 철학의 중요한 인
물로 꼽힌다.

나는 명품이라는 '기호'를 사고 있다

보드리야르는 '사람들은 상품을 기호로 소비한다'고 분석했다. 예를

들어, 가방의 본래 목적은 '물건을 운반하는 것'이지만, 디자인, 색상, 형태가 다양해지면서 이제는 실용성뿐만 아니라 그 외적인 요소들이 구매의 중요한 판단 기준이 된다. 결국, 사용 가치보다 유행이 더 중요한 의미를 갖게 되는 것이다.

그에 따르면, 현대 사회에서 물건은 단순히 사용 가치나 지속성을 위해 생산되는 것이 아니라, 오히려 '소비되고 사라지기 위해' 만들어진다. 즉, 상품은 더 이상 단순한 물건이 아니라 '기호'로서 존재하며, 그 효용보다는 다른 상품과의 '차이'가 더욱 강조된다. 이러한 개념을 가장 잘 보여주는 대표적인 예가 바로 명품이다.

'욕망'이 커지면 기호를 소비하게 된다?

보드리야르는 '생활필수품을 원하는 욕구'와 '사회적 지위나 차이를 원하는 욕망'을 구별했다. 밥을 먹는 건 '욕구'지만, 좋은 옷을 입고 좋은 차를 타는 것은 '욕망'이다. 그리고 이러한 '욕망'이 커지면 타인과의 구별을 표현하기 위해 기호적 상징을 소비하게 된다고 주장했다.

그는 이러한 기호적 상징을 '기호재'라고 부르며, 단순히 기능을 충족하는 '기능재'와 구별했다. 예를 들어, 옷이 '보온성을 유지한다'거나 '몸을 보호한다'는 목적에서 착용되는 경우 그것은 기능재에 속한다. 반면, 특정 브랜드의 옷을 입는 것이 타인과의 차이를 강조하기 위한 목적이라면, 그것은 기호재에 해당하는 것이다.

미래의 '기호화' 사회에 유의하자

보드리야르는 소비의 욕망이 '기호재'로 향할수록 재화는 점점 기호화되며, 결국 소비 사회 자체가 기호의 체계로 변해간다고 주장했다.

이러한 소비 패턴을 주도하는 계층은 부자만이 아니라, 오히려 상승 지향적인 중산층이다. 이들은 타인과의 극히 미묘한 차이를 만들어내고자 하며, 이를 실천에 옮긴다. 그러나 차이를 강조한 기호재가 지속적으로 생산되다 보면 결국 그 차이는 점점 희미해진다. 그래서 사람들은 아주 미세한 '차이'를 유지하기 위해 끊임없이 새로운 브랜드 제품을 구매하게 된다.

만약 신용카드 한도를 초과해 소비하고 있다면, 지금 자신이 '기호'의 소비에 휩쓸리고 있는 것은 아닌지 한 번쯤 점검해 볼 필요가 있다.

고스펙 남성   구조주의자

성공하는 게 의미가 있을까?

인생은 어차피 성공이 목표 아닌가요?

고스펙 남성

저는 인생이란 자고로 성공해야 의미가 있다고 생각합니다. 일류대학을 나와서 유명 기업에 취직하고 열심히 돈을 벌어야 여성들한테 인기도 있잖아요.
그런데 요즘은 이런 생각에 반대하는 입장도 많더라고요. 성공만이 인생은 아니라나 어쩐다나.
그런데 속으로는 모두 돈도 많이 벌고 인기 있는 남자가 되고 싶어 하지 않나요? 꼭 논의해 보고 싶은 주제입니다.

저도 종종 성공과 실패에 대해 생각합니다. 사실, 당신처럼 **'성공'과 '실패'라는 구분이 결국 하나의 환상일 수 있다**는 생각이 듭니다. 이런 주제로 한번 대화를 나눠보고 싶네요.

성공하는 게 의미가 있을까?

YES   **VS**   NO

고스펙 남성   구조주의자

«‹‹ ROUND 1 START! ›»»

인생에는 성공과 실패가 존재하죠. 전 무조건 성공해야 의미가 있다고 생각해요. 일로 크게 성공해서 자산을 구축하고 고층 아파트에 살며 고급 승용차를 타는 인기남…. 그런 자본주의 사회의 승자가 제 목표입니다.

어쩌면 당신은 지금 그 목표에 속고 있는 건지도 모릅니다. 당신이 생각하는 승자와 패자라는 건 사실 환상에 불과할 수도 있어요.

네? 승자와 패자는 분명 존재하지 않나요? 뭐가 환상이라는 건지?

우리는 자신의 자유 의지로 사물을 정의하고 행동한다고 생각하지만, 사실 그건 사회 구조에 따라 규정된 것에 지나지 않습니다. '반드시 성공해야 한다'와 같은 생각도 주입된 가치관일지 몰라요.

아니요. 승리를 목표로 열심히 달리는 게 훌륭한 태도라고 생각합니다. 그렇게 인간은 진보해 왔으니까요. 현재의 자본주의 사회에는 격차라는 게 있잖아요. 그러니 승자와 패자가 존재할 수밖에 없죠.

그럼 한 가지 묻겠습니다. 대체 연 수입이 얼마면 승자일까요? 1억 원이상? 10억 원이상? 아니면 미국의 성공한 인물들처럼 천문학적인 금액?

그건 개인이 자유롭게 정하면 되죠. 예를 들어, 인구 중 상위 몇 %에 해당하는지를 기준으로 삼으면 되잖아요.

하지만 승자의 기준을 정하는 건 당신이 결정할 수 있는 문제가 아니죠. 다른 예를 들어볼게요. 뜨거운 물의 기준은 무엇이라고 생각하시나요?

뭐, 40도 정도부터는 뜨거운 물 아닐까요?

그럼 30도는 그냥 물인가요? 30도는 미지근하다고는 하지만, 그렇다고 완전히 일반적인 물이라고 하기엔 따뜻한 느낌도 있지 않나요?

듣고 보니 그렇네요. 그럼 30도도 뜨거운 물 아닐까요?

이런 분석에 있어서 중요한 건 A는 ○○이다라는 정의 자체가 아니라 A와 B(다른 사물) 사이의 관계성입니다. 즉 '이것이 뜨거운 물이다'라고 단정 짓기는 어렵지만, 확실한 것은 '뜨거운 물은 일반적인 물보다 온도가 높다'라는 점이죠.

승자와 패자의 개념도 마찬가지입니다. 과연 어떤 기준으로 '나는 성공했다'라고 말할 수 있을까요? 사회적 관계(구조) 속에서 볼 때, 그런 기준을 명확히 정하는 것은 불가능합니다. 어쩌면 당신은 '고층 아파트에 살면 성공한 삶'이라는 가상의 기준 속에서 살고 있는지도 모르죠.

중계　승자와 패자가 환상이라는 의견은 이해가 돼요. 요즘에는 그런 승패에 별로 신경 쓰지 않는 사람들도 많고요.

해설　네. 요즘 사람들은 오히려 눈에 띄지 않으면서 평범하게 살고 싶어 하는 경향이 강해요. 큰 책임을 지지 않고 자유롭게 살고자 하는 욕구가 커진 것 같아요.

중계　그런데 그렇게 되면 일본 전체의 경제 성장은 어떻게 되는 걸까요? 고스펙 남성 씨의 의견도 더 들어보고 싶네요.

«« ROUND 1 JUDGE! »»

LOSE...　×　WIN!!

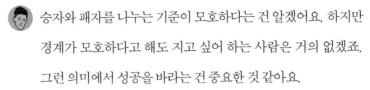

 승자와 패자를 나누는 기준이 모호하다는 건 알겠어요. 하지만 경계가 모호하다고 해도 지고 싶어 하는 사람은 거의 없겠죠. 그런 의미에서 성공을 바라는 건 중요한 것 같아요.

음…. 거기에 대해 설명하려면 레비 스트로스라는 문화 인류학자 이야기를 꺼내야 할 것 같네요. 그는 원시 사회에서 원시인들과 함께 생활한 프랑스의 문화 인류학자이자 철학자였죠. 그럼, 당신은 선진 사회의 사람들과 원시 사회의 사람들 중 어느쪽이 더 진보했다고 생각하시나요?

클로드 레비 스트로스 1908~2009
프랑스의 문화 인류학자·철학자. 원주민의 생활에 대해 연구했다. 주요 저서로는《슬픈 열대》등이 있다.

 그야 선진 사회 사람이겠죠.

그게 일반적인 생각이겠지요. 하지만 그가 여러 미개한 원시 부족 사회의 친족 관계와 혼인 제도를 조사해 보니, 겉보기에는 무의미해 보였던 혼인 관습조차도 정교한 구조와 깊은 연관이 있다는 사실을 발견했습니다. 즉, 원시 사회가 단순히 뒤처졌다고만 볼 수는 없는 것이지요.

구조주의

구조주의란, 레비 스트로스의 등장과 함께 인문·사회과학에서 주류 사조가 된 방법론이자 사상적 운동을 의미한다. 그는 다양한 신화 속에서 '낮과 밤', '숲과 집', '동 세대와 각 세대', '남성과 여성', '능동과 수동', '액체와 기체' 등의 상관관계에 주목했다. 더 나아가, 황당무계해 보이는 신화나 혼인 관계에도 정교한 수학적 규칙이 작용하고 있음을 밝혀냈다. 이를 통해 '원시 사회의 미신'이라고 여겨졌던 사고방식이 사실은 고도로 추상적인 이론을 구사하고 있다는 점을 확인했으며, 이러한 발견은 서구 중심의 진보주의에 대한 비판으로 이어졌다.

Tip 레비 스트로스는 원주민들의 관습이나 의례, 여러 가지 신화가 야만적이고 미개한 것이 아니라 정밀하고 논리적 사고에 근거하고 있음을 발견하고 이를 '야생의 사고'라고 불렀다.

하지만 그게 승자·패자와 무슨 관계가 있습니까?

반드시 성공해야 한다는 사고방식 또한 영원히 계속된다는 보장은 없다는 말입니다. 가령 당신이 고층 아파트에 산다면 1층과 고층 중 어디에 살고 싶나요?

그야 물론 고층이죠.

왜 고층인가요?

경관도 좋고 아무래도 높은 곳에 살면 뭔가 더 특별한 느낌이 들기도 하죠. 실제로 고층 매물이 더 비싸기도 하고요.

하지만 실용적인 측면에서 보면, 저층이 훨씬 더 편리할 수 있습니다. 빠르게 내려갈 수 있다는 점에서 시간을 절약할 수 있고요. 그럼에도 불구하고 많은 사람이 고층을 선호하는 이유는, 무의식적으로 '고층이 더 우월하다'는 가치관을 따르기 때문일 가능성이 큽니다. 가격 역시 거품일 가능성이 있고요.

확실히 저층이 실용적인 면에서는 더 편할 수도 있죠. 하지만 건물의 높이가 곧 성공의 상징이라는 인식이 강하잖아요.

하지만 그것은 현재 우리가 가진 가치관에 불과하죠. 레비 스트로스가 서구 사회가 원시 사회보다 더 진보되었다는 기존의 관념을 재검토했듯이, '고층이 더 우월하다'는 가치관도 언젠가 변할 수 있습니다. 우리가 당연하게 여겼던 것들이 시간이 지나면서 새로운 관점에서 재조명될 수 있죠.

그래서 사회가 변화하면 승자와 패자의 위치도 바뀔 수 있다는 거죠. 오늘의 성공이 내일도 유효할 거라는 보장은 없습니다. 지위에 집착하는 것도 결국 구조의 영향을 받는 것이고, 그 구조는 언제든 변할 수 있으니까요.

근본적인 구조와 표면적 변화
레비 스트로스에 의하면, 근본적인 규칙은 변하지 않지만, 표면적인 것은 변화한다.

음…. 결국 이기고 지는 건 상대적이란 말씀이군요. 저는 그동안 '이기는 것'이 절대적으로 옳다고 믿어왔던 것 같아요. 좀 더 깊이 생각해 봐야겠네요.

중계 확실히 지금은 무엇이 승리고 패배인지조차 명확하지 않은
시대죠. 어쩌면 미래에는 외딴곳에서 가능한 한 일하지 않고

느긋하게 사는 것이 '이기는 삶'이 될지도 몰라요. 저도 그런 삶이 왠지 끌리는데요.

해설 앞으로 '이기고 진다'는 개념 자체가 더 큰 변화를 맞이할 가능성이 높아요.

중계 무엇이든 맹신하지 않는 것이 가장 현명한 태도일지도 모르겠네요.

클로드 레비 스트로스(1908~2009) … 프랑스의 문화인류학자, 민족학자. 구조주의의 시조로 여겨진다. 저서로는 《슬픈 열대》 등이 있다.

원시 사회 속으로 들어간 레비 스트로스

구조주의는 1960년대에 등장하여 프랑스를 중심으로 발전한 사상이다. 처음 누가 이를 주장했는지는 명확하지 않지만, 언어학자 소쉬르의 '구조언어학'에서 영향을 받은 문화인류학자 레비 스트로스에 의해 급속히 확산된 것은 분명하다.

레비 스트로스는 원주민 사회로 들어가 친족 관계와 신화를 연구하면서, 이들 사회가 단순히 '미개하다'고 평가될 수 없음을 발견했다. 그는 친족 관계의 구조를 분석한 결과, 원시 사회에도 문화와 자연을 조화시키는 고유한 체계와 독창적인 사고방식이 존재한다는 점을 밝혀냈고, 이를 '야생의 사고'라고 명명했다.

'언어와 소리의 관계성'이 구조주의의 힌트가 되었다?

구조주의에서 '구조'란 원래 무엇일까? 레비 스트로스는 러시아의 언어학자 로만 야콥슨의 음운론에서 구조 개념의 힌트를 얻었다(야콥슨은 소쉬르가 주장한 구조언어학의 원리를 발전시켰다). 야콥슨에 따르면, 언어 자체가 본질적인 의미를 가지는 것이 아니라, 발음과 언어의 관계 속에서 의미가 형성된다고 보았다.

예를 들어, 영어에서 rice는 '쌀', lice는 '머릿니'라는 뜻을 가지지만, 이는 'r'과 'l'이 명확히 구별되기 때문이다. 반면 일본어에서는 이 두 음이 구별되지 않으므로 '라이스 주세요'라고 했을 때, 오직 '쌀'이라는 의미만 전달된다. 즉, 언어가 다르면 음계(소리의 체계)와 그것이 가리키는 의미의 관계도 달라지는데, 이러한 관계성을 '구조'라고 한다. 구조는 겉으로 드러나지 않으며, 무의식적으로 작용하는 특징이 있다.

구조는 모든 현상에 존재한다!

레비 스트로스는 자연학자 톰슨의 주장도 응용했다. 톰슨은 물고기의 형태를 좌표에 올려놓고 그 좌표 자체를 변형하면 다양한 종류의 물고기 형태가 된다고 했다. 물고기 그림을 상하좌우로 축소 확대하는 이미지로, 일례로 복어의 좌표를 변형하면 개복치가 된다.

이처럼 모든 현상은 변화하기 마련인데, 그 '구조'(위의 예시에서는 물고기 형태의 관계성)는 유지된다. 레비 스트로스는 이러한 '구조'의 사고방식을 원시 사회에 적용한 것이다.

서구 사회가 원시 사회보다 진보한 것은 아니다

레비 스트로스는 원시 사회의 친족·혼인 관계를 분석한 결과, 서구 사회와 원시 사회가 '구조'의 관점에서는 본질적으로 다르지 않다는 사실을 밝혀냈다.

그는 '야생의 사고'가 단순한 미신이 아니라, 자연과 밀접하게 연결된 하나의 '구체적 과학'임을 강조하며, '근대적 사고만이 이상적이다'라는 기존의 선입견을 비판했다. 이는 자민족 중심주의에 갇힌 서구의 세계 관과 문명관을 근본적으로 성찰할 것을 촉구하는 것이었다.

부모 운명론자

실존주의자

인생은 '부모운'으로 결정된다?

인생은 거의 부모운으로 정해져 있는 거 아닌가요?

✳

부모 운명론자

저는 가정 형편 때문에 지방 국립대 외에는 선택지가 없었고, 사회인이 된 지금도 학자금 대출을 갚느라 매달 빠듯한 생활을 하고 있어요.

그런데 어떤 사람들은 부모님의 지원을 받아 유명 사립대에 진학하고, 넉넉한 생활비를 받으며, 졸업 후에는 자연스럽게 대기업에 취업하기도 하죠. **이런 차이는 결국 '부모운'에 의해 결정되는 게 아닐까요?** 이처럼 인생의 출발선은 **누구를 부모로 만나느냐에 따라 크게 달라지는 것 같아요.**

'부모운'에 따라 모든 게 결정된다고 생각하는군. 그건 내가 신봉하는 실존주의와는 완전히 반대되는 입장이네.

실존주의란, **인간은 스스로 자신의 삶을 선택한다는 사상**으로 누구에게나 주어진 환경은 있지만, 결국 어떤 길을 갈지는 본인의 선택에 달려 있다는 거지.

인생은 '부모운'으로 결정된다?

YES   **VS**   NO

부모 운명론자   **VS**   실존주의자

«« ROUND 1 START! »»

🙍 인생은 어떤 부모를 만나느냐에 따라 거의 결정된다고 생각해
요. 가난한 가정에서 태어나면 이후의 삶에 큰 영향을 미치니
까요.

👴 그 말인즉슨, 태어난 가정환경에 따라 자신의 인생이 결정된다
는 건가?

🙍 요즘 시대는 특히 더 그렇죠. 예를 들어, 가정환경이 유복하면
사교육을 받을 여유가 있으니 좋은 대학에 갈 확률이 높아지잖
아요. 하지만 경제적으로 어려운 가정에서는 그런 기회가 제한
될 수밖에 없어요. 실제로 빈곤한 가정일수록 대학 진학률이
낮다는 통계도 있더라고요.

하지만 가난한 가정에서 태어나도 스스로 노력하면 시험에 합격할 수 있지 않나?

뭐, 그런 사람들도 있겠지만, 설령 가난한 집 아이가 열심히 공부해서 대학에 들어간다 해도 경제적 격차는 또 벌어져요. 예를 들어, 대도시의 대학에 입학하면 자취를 해야 하는데, 생활비를 감당하려면 아르바이트를 해야 하죠. 그러면 공부에 집중할 시간이 부족해지고, 결국 또 다른 불리함을 안고 가는 셈이에요.

그럼 대도시 대학에 안 가면 될 것 아닌가?

그러면 대학 선택지부터 격차가 생기잖아요. 생활비 문제는 그렇다 쳐도, 학비조차 감당하기 어려운 가정도 있어요. 우리 집처럼요. 그런 경우엔 학자금 대출을 받아야 하고, 졸업 후에도 계속 그 빚에 시달려야 하죠. 이게 결국 '부모운' 때문이 아닌가요?

중계   꽤 설득력 있는 주장인데요. 실제로 학자금 대출을 갚느라 사회인이 되어서도 힘들어하는 사람이 많잖아요.

해설   맞아요. 가정 형편 같은 문제로 고민하는 사람이 꽤 많으니까요.

 확실히 그런 점에서는 '부모운'이란 게 있을지도 모르겠군. 하지만 좀 더 근본적인 이야기를 해 볼까. 난 사르트르라는 철학자의 영향을 받았다네. 그에 의하면, 인간은 의식을 가진 존재로, 스스로 자신이 어떤 행동을 할지 결정할 수 있지. 즉, 태어난 환경이 어떻든 간에, 어떤 문제가 닥쳤을 때 어떻게 대처할지는 결국 자신의 선택이라는 말이지.

>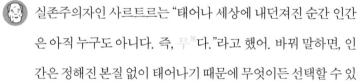
> 장 폴 사르트르 1905-1980
> 프랑스의 철학자. 실존주의를 주창하는 철학자 중 한 명이다.《존재와 무》,《구토》,《자유의 길》등이 있다.

 그게 무슨 뜻이죠?

 실존주의자인 사르트르는 "태어나 세상에 내던져진 순간 인간은 아직 누구도 아니다. 즉, 무無다."라고 했어. 바꿔 말하면, 인간은 정해진 본질 없이 태어나기 때문에 무엇이든 선택할 수 있는 '자유로운' 존재라는 거지. 하지만 동시에 그 선택에 대한 '책임'도 지게 돼. 결국 주어진 환경이 어떻든 간에, 다양한 국면을 어떻게 마주하고 어떤 행동을 할지는 스스로 결정할 수 있다는 뜻이네.

실존주의

실존주의란, 인간의 현실적인 존재(실존)에 대해 탐구하는 철학 사상이다. 근대 철학이 합리성과 보편성을 중시했다면, 실존주의는 이에 대립하는 사고방식으로, 개인의 개성과 자유를 최우선으로 여긴다. 사르트르는 스스로를 실존주의자로 규정하며, 인간이 자신의 존재를 스스로 만들어가는 과정 속에서 자유와 책임을 마주해야 한다고 주장했다.

하지만 열악한 환경에서 태어나면 이미 출발선부터 다르니 아무리 자기 선택으로 인생을 만들어갈 수 있다고 해도, 그 격차는 쉽게 줄어들지 않는다고 생각해요.

그건 가정환경에만 너무 초점을 맞춘 시각 아닐까? 유복한 가정에서 태어난다고 해서 무조건 성공하는 것도 아니고, 어려운 환경에서도 성공하는 경우도 있어. 인생이란 원래 불확실한 거라, 어떻게 보면 도박 같은 것일 수도 있겠지. 부모운이란 것도 결국 그 도박의 한 요소일 뿐이고, 중요한 건 그런 변수를 어떻게 마주하고 극복하느냐가 아닐까?

중계　오오~. 그 말도 일리가 있네요.

해설　확실히 유복한 가정에서 태어났거나 어릴 때부터 탄탄대로
　　　를 걸어도, 나중에 예상치 못한 어려움을 겪는 경우도 많으
　　　니까요.

«« ROUND 2 JUDGE! »»

«« ROUND 3 START! »»

스스로 문제를 결정해야 한다는 말씀은 알겠어요. 그래도 태어
날 때부터 다양한 격차를 안고 살아간다는 건 부정할 수 없는
사실이잖아요. 이런 문제에는 해결책이 필요하지 않을까요?

물론 필요하지. 개인적인 차원에서 '부모운이 인생을 좌우한다'
라고 생각하는 것과는 별개로, 사회적인 문제로서 격차를 줄이
려는 노력이 있어야 한다고 생각하네. 사르트르가 '추월 불가
능한 철학'이라고 강조했던 마르크스주의가 격차 해소에 중요
한 역할을 할 수도 있지 않을까? 최근에는 환경 문제와 함께 다
시 주목받고 있기도 하고.

마르크스주의

마르크스주의란, 카를 마르크스와 프리드리히 엥겔스의 사상 체계를 말한다. 마르크스주의는 자본을 사회 공유 재산으로 삼고, 자본가가 노동자를 착취하는 계급사회에서 계급이 없는 사회를 지향했다. 사르트르는 삶의 방식 면에서는 실존주의를 외치고, 사회 개혁 면에서는 마르크스주의를 강하게 주장했다.

👧 네? 갑자기 마르크스주의라니요?

👴 마르크스주의는 자네의 바람처럼 격차가 없는 사회를 지향한다네. 게다가 마르크스를 공부하면 철학·경제학·사회학, 그리고 현대 사회에 이르기까지의 모든 역사 또한 알기 쉬워지지. 자네도 어려운 형편 속에서 괴로웠겠지만 앞으로 어떻게 살아갈지는 자기 자신의 몫이라네. 이 사회의 존재 방식에 대해 다시 생각해 보지 않겠나?

👧 그런 말씀이셨군요.

👴 마르크스주의에만 한정되는 이야기는 아니지만, 아무리 작은 발언이나 행동이라도 일단 먼저 시도해 보는 것이 중요해. 어려운 가정 형편에서 태어난 괴로운 경험도 어떻게 받아들이느냐에 따라 앞으로의 인생을 개척해 나가는 계기가 될 수도 있어. 이게 바로 실존주의의 사고방식이라네.

👧 자신의 힘들었던 경험을 어디선가 의미 있게 활용할 수 있다는 말씀이시죠? 왠지 조금은 희망적인데요.

👴 그렇지! 사르트르도 큰 핸디캡이 있었지만, 그럼에도 철학자로

서 큰 공적을 남겼지. 자네도 충분히 해낼 수 있을 걸세!

Tip 사르트르는 태어난 지 얼마 지나지 않아 열병으로 아버지를 잃는다. 또한 그는 심한 사시를 비롯한 여러 가지 시력 장애를 가지고 있었고, 이러한 핸디캡을 안고 살아갔다.

중계 열띤 논쟁이었지만, 뭔가 훈훈하게 끝났네요.

해설 네! '자기 자신이 어떻게 변하느냐는 스스로 결정할 수 있다'

라는 실존주의의 사고방식은 어떻게 보면 인간에 대한 찬가

라고도 볼 수 있겠죠. 동시에 '불우한 환경은 개인의 노력 부

족 탓'이라는 단순한 '자기 책임론'을 넘어서는 의미도 가진

다고 할 수 있고요.

«« ROUND 3 JUDGE! »»

LOSE...

인간은 스스로를
조정한 자기 자신으로
자유롭게 만들 수 있다

장 폴 사르트르 (1905~1980) ⋯ 프랑스의 철학자, 소설 극작가. 실존주의 철학의
대표자. 저서로는 《존재와 무》, 《구토》 등이 있다.

인간은 무한한 자유를 가지고 있다!

　사르트르는 '인간은 자유롭게 자신을 만들어가는 존재'라고 보았다.
예를 들어, 칼과 같은 사물(즉자 존재)은 본질이 먼저 규정된 후 존재한
다. 칼은 '무언가를 자르는 도구'라는 목적에서 만들어졌으며, 그 존재는
이미 정해진 본질을 따른다. 사르트르는 이를 '본질이 존재에 앞선다'라
고 표현했다. 즉, '자르는 기능'이라는 본질이 먼저 존재하고, 이후 현실
속에서 칼이라는 존재가 실현되는 것이다.

　반면, 인간은 칼처럼 태어나면서부터 정해진 본질을 지닌 것이 아니
다. 인간은 세상에 던져진 후 비로소 스스로의 본질을 만들어간다. 사르
트르는 이를 두고 "실존이 본질에 앞선다."라고 말했다. 이는 곧 인간이
자신의 본질을 스스로 규정할 수 있으며, 따라서 무한한 자유를 가진다
는 의미다.

사르트르는 자신을 '무신론적 실존주의자'로 분류하며, 신과 같은 초월적 존재는 없으며, 모든 것은 인간의 자유로운 창조에 달려 있다고 보았다. 그러나 이것은 곧 '어떤 것에도 의지할 수 없으며, 인간 스스로 자신의 존재 방식에 의미를 부여해야 한다'는 뜻이기도 하다.

따라서 인간은 자신의 선택에 전적으로 책임을 져야 한다. 책임을 진다는 것은 때때로 괴로운 일이지만, 사회 속에서 살아가는 이상 자유만을 누리고 책임을 회피할 수는 없다. 즉, 자유란 강요와 책임을 동반하는 숙명과도 같다. 사르트르는 이를 두고 "인간은 자유라는 형벌에 처해 있다."라고 표현했다.

사르트르는 실존주의뿐만 아니라 마르크스주의도 함께 추구했다. 그는 실존주의를 통해 '인간의 내면'을 탐구하고, 마르크스주의를 통해 '사회적 과제'를 해결하고자 했다.

마르크스주의의 궁극적인 목표는 노동자와 자본가 간의 계급 구분이 없는 사회로 나아가는 것이다. 사르트르는 계급이 존재하는 한 노동자는 자본가에게 착취당할 수밖에 없다고 보았다. 그는 마르크스주의를 '초월 불가능한 철학'이라 표현하며, 사회 변혁을 위한 필수적인 사상으로 여겼다.

사르트르의 사상은 항상 인간이 진보한다는 요소를 가지고 있다. 하지만 애석하게도 사르트르의 실존주의는 문화인류학자 레비 스트로스의 비판을 받으며 그 진보적 성격이 약화되었고, 그 후 구조주의가 대세를 이뤘다. 그럼에도 불구하고 자신을 창조해 나가며 세상을 더 나은 방향으로 변화시키려 했던 그의 태도는 여전히 낡지 않은 가치로 남을 것이다.

자본주의자

마르크스

현대 자본주의 사회에는
문제가 있다?

자본주의를 다시 살펴보자는 움직임이 있는 것 같습니다만….

✴

자본주의자

요즘 들어 '**자본주의는 이제 끝났다**'라는 말들이 곧잘 들리는데 사실일까요?

세계의 흐름을 봐도 여전히 자본주의가 주류인 듯하며, 실제로 그 혜택을 받은 사람들도 많다고 생각합니다.

저는 앞으로도 자본주의를 바탕으로 경제 성장을 추구해야 한다고 생각하지만, 반대 의견을 제시하는 사람들이 점점 늘어나 신경이 쓰입니다.

'**자본주의에는 한계가 있다**'라는 게 저의 생각이지만, 최근에 들어서야 조금 지지를 받는 듯합니다.

실제로 '**이대로 가다가는 사회를 유지할 수 없다**'라고 느끼는 사람들도 많지 않을까 싶네요. 이 주제에 대해 꼭 논의해 보고 싶습니다.

현대 자본주의 사회에는 문제가 있다?

자본주의자 **VS** 마르크스

<<< ROUND 1 START! >>>

최근 경기가 썩 좋다고는 할 수 없겠죠. 물가 변동도 심하고요. 좀 더 자본주의 경제에 활력을 불어넣을 필요가 있다고 생각합니다.

그런데 제 지론에 따르면, 자본주의가 성장하면 할수록 격차는 점차 커지게 됩니다. 저출산에 따라 생산성은 떨어지고 빈부의 차는 더욱 심해질 테고요. 지금이야말로 사회주의 사상을 참고할 때가 아닌가 싶군요.

KEYWORD

사회주의
사회주의란, 빈부의 차가 있는 불평등한 자본주의에 대항하여 생산 수단(토지나 공장 등)을 국가 소유로 삼고, 평등하고 공평한 사회를 지향하는 사상이다.

그렇지도 않아요. 일본은 앞으로 반도체 산업과 인공지능(AI), 로봇, 전기자동차(EV) 등의 분야에서 아직 전망이 있습니다. 저출산 때문에 일하는 사람이 줄어도, 부족한 만큼 AI와 로봇이 보충하면 되니까요. 앞으로도 자본주의는 계속 진보해 나갈 겁니다. 이미 글로벌 자본주의 세계에 진입했다고 생각해요.

글로벌 자본주의

사회주의 경제와 자본주의 경제라는 대립 구조가 사라지고 세계 시장이 하나가 되었다는 체제를 '글로벌 자본주의'라고 한다. 이에 반해 경제의 글로벌화가 세계의 빈부 격차를 더욱 확대하고 지구 환경과 지역의 고유문화를 파괴한다는 반글로벌리즘이라는 체제도 있다.

하지만 현재 일본이라는 나라는 기술 방면에서 세계적으로 낙후되고 있다는 지적도 받고 있어요. 게다가 AI의 발전으로 많은 노동자가 필요치 않게 되면 잉여 노동자를 낳을 가능성도 있습니다. 이제 탐욕스러운 성장은 그만둬야 하지 않을까요? 그보다 빈부의 차를 바로잡아 모두가 행복하고 여유롭게 살아가는 것이 최우선 과제라고 생각합니다.

중계   확실히 요즘에 자본주의가 한계에 이르렀다는 지적도 나오
        고 있더라고요.

해설   전 버블 세대인데 '그때처럼 경기 좋은 일본은 다시 안 오겠
        지'라고 생각하면 조금 씁쓸해져요.

중계   그래도 자본주의자 씨처럼 '아직 자본주의는 살아 있다'라고
        주장하는 목소리도 있잖아요. 일본이 길러 온 기술력에 새로
        운 테크놀로지를 접목하면 부활할 수도 있지 않을까요?

해설   마르크스 선생님의 사상도 꽤 인기가 있어서 탈성장이라는
        선택지도 간과할 수 없겠죠. 자, 어느 쪽이 일본의 미래에 유
        익할까요?

<<< ROUND 1 JUDGE! >>>

DRAW

<<< ROUND 2 START! >>>

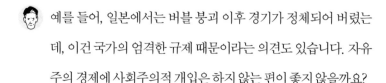 예를 들어, 일본에서는 버블 붕괴 이후 경기가 정체되어 버렸는
데, 이건 국가의 엄격한 규제 때문이라는 의견도 있습니다. 자유
주의 경제에 사회주의적 개입은 하지 않는 편이 좋지 않을까요?

21세기를 살아가는 현대인을 위한 철학

그럴까요. 버블이라는 건 주식이나 토지에 투기해서 이익을 얻는, 즉 일하지 않고 돈을 번다는 허황된 생각이 표면화된 현상이라고 생각합니다. 버블 붕괴의 원인으로는 여러 가지 설이 있지만, 경제가 절정에 달하면 그 반동이 일어나는 것은 자본주의의 숙명이라고 할 수 있습니다. 결국 자아실현을 위해 일하고 생산하며, 만족할 줄 아는 검소한 철학이 부족했기 때문에 버블이 발생한 것 아닐까요?

아니요. 인간은 본래 욕망을 지닌 존재이기에 그 욕망을 충족시키는 게 중요하다고 생각합니다. 욕망이 있기에 새로운 물건을 만들어내고 또 새로운 욕망이 생겨나는 것이죠. 이런 과정이야말로 자아실현이며, 곧 성장이 아닐까요? 자본주의 사회에서 인간의 삶의 보람은 경제 성장과 맞닿아 있다고 해도 과언이 아니라고 생각합니다.

그런 사고방식이 남아 있으니, 결국 당신 시대에 모순이 드러나게 된 것 아닐까요? 원래 사회주의 철학에서는 각자가 자신의 재능을 적절한 자리에서 발휘하고, '노동=삶의 보람'이 되는 것이 이상적인 모습이었습니다.

그런데 자본주의에서는 자신이 사회의 부품처럼 되어 싫은 일도 돈을 벌기 위해 계속할 수밖에 없게 되었지요. 이는 인간이 소외되고 있다는 증거입니다. 이런 현상이 현대에 이르러 분명해졌다고 생각하지 않나요?

인간이 소외되고 있다(인간 소외)

인간 소외란, 자본주의 사회의 거대화·복잡화로 인해 인간이 기계를 구성하는 부품 같은 존재가 되어 본래의 인간다움이 사라져 버린 상태를 말한다. 사회주의 철학에서는 사람들이 자아실현으로서의 노동(좋아하는 일을 하는 것)을 하면 자기 자신의 본성을 되찾고 인간 소외가 해소된다고 주장했다.

지금 일본은 점점 검소해지고 있는데 그래도 괜찮다는 건가요? 경제라는 건 심리적 작용이 매우 강하게 영향을 미치는 부문이에요. 저출산, 고령화와 더불어 욕망까지 사라져 무기력해진다면 일본은 끝날지도 모릅니다.

그래도 어쩔 수 없지요. 자본주의는 욕망을 지나치게 부추겨 불필요한 일과 물건을 지나치게 많이 만들어냅니다. 우리는 '노동은 돈을 벌기 위한 것이다'라는 비본래적 태도를 반성해야 해요. 노동은 자아실현을 위한 것이어야지 돈의 노예가 되기 위한 것이어서는 안 됩니다. 최근에는 '좋아하는 일을 하며 살자'라는 목표를 내거는 사람도 많은 듯한데, 이를 실현하는 데 있어서 사회주의는 그야말로 제격이지요.

중계   양쪽 의견이 엇갈리는데, 마르크스 선생님의 사상은 현대인
      에게 일침을 놓는 부분이 있는 것 같네요.
해설   마르크스 선생님의 사상은 몇 번이나 부활해 왔어요. 지친
      현대인의 마음에 부합할지도 모르겠네요.

중계　좋아하는 일을 하며 살아간다는 건 매력적인 것 같아요.

«« ROUND 2 JUDGE! »»

«« ROUND 3 START! »»

좋아하는 일을 하며 살아가기엔 자본주의 쪽이 더 좋지 않을까
요. 욕망이 에너지가 되어 새로운 기술이 탄생한다면 하고 싶은
일도 점점 많아질 테니까요.

하지만 제 분석에 따르면, 자본주의는 토지나 공장과 같은 생산
수단을 자본가가 소유하고, 자신의 이익을 극대화하기 위해 노
동자를 고용해 생산을 지속하는 경제 체제입니다.

그래서 자본주의는 결국 기업이 이윤을 얻는 구조이기에, 노동
자는 자본가에게 계속해서 착취당하게 되지요. 지금 좋아하는
일을 하며 살고 있다는 사람들도 결국은 노동자가 아닌 자본가
쪽에 기울어 있다고 생각합니다. 과연 모든 노동자는 행복하게
일하고 있을까요?

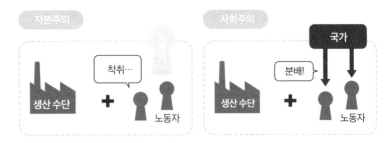

마르크스는 '자본가가 생산 수단을 소유하고 노동자가 착취당하는 사회'에서
'국가가 생산 수단을 소유하고 노동자에게 분배하는 사회'를 만들고자 했다

그건 업무보다 노는 것을 우선시하는 사람이 많으니까 그런 거
아니겠습니까? 일을 고통으로 여기고 업무 중에도 일 끝나면 뭐
할지 생각하잖아요. 업무를 놀이라고 생각하면 되지 않을까요?

업무를 놀이로 생각하는 건 제가 주장한 사회주의 사회의 이상
입니다. 게다가 돈과 바꿀 수 없는 소중한 일들도 있지요. 가족
과 시간을 보낸다든가, 느긋하게 쉰다든가, 스포츠를 즐긴다든
가 하는 일 말입니다. 돈벌이만을 성장으로 여기면 세상은 이상
해지고 말 겁니다.

Tip 마르크스는 가족을 위해 지출을 아끼며, 난방비를 절약하고 자녀들의 교육을 위해 힘썼
다. 그럼에도 불구하고 그는 계속해서 가난과 싸워야 했다. 또한 마르크스는 술과 담배를
좋아했지만, 그가 《자본론》을 저술하는 동안 피운 담뱃값조차 충족하지 못했다고 한다.

사회주의라고 뭐가 다른가요? 사회주의 체제 속에서 대충 일하
는 정도로는 자본주의 수준의 신상품 대량 생산이 어려울 것 같
은데요. 결국, 소련도 그렇게 무너졌으니까요.

21세기를 살아가는 현대인을 위한 철학

자본주의가 고도로 발달한 뒤 사회주의로 이행하고, 그 후 공산주의로 나아간다면 문제가 없을 것이라고 생각합니다. 소련의 경우, 자본주의가 충분히 성장하기 전에 사회주의를 도입하고 곧바로 공산주의를 지향했기 때문에 무너졌다는 설도 있지요.

사회주의와 공산주의

마르크스주의(소련의 마르크스=레닌주의)에서는 사회주의 사회가 공산주의 사회의 전 단계로 여겨진다. 사회주의 사회에 의하면, '인간은 능력에 따라 일하고 능력에 따라 얻는다'라는 시스템을 갖는다. 여기서 더 진보한 단계가 공산주의 사회이며, '인간은 능력에 따라 일하고 필요에 따라 얻는다'라는 이상 사회로 여겼다.

하지만 사회주의 국가인 중화인민공화국도 결국은 자본주의를 취하고 있는 것 같은데….

그건 이상적인 국가에 도달했다는 의미일지도 모릅니다. 자본주의가 고도화되어 국가가 부유층의 돈을 가난한 사람들에게 재분배함으로써 격차가 해소된 게 아닐까요.

그래도 지금처럼 자본주의에 기술 발전을 접목해 지속적으로 성장한다면 격차나 환경 문제도 바로잡을 수 있다고 생각합니다.

그렇게만 된다면 좋겠지만, 저는 그보다 먼저 자본주의의 한계가 드러나 사회가 붕괴할 것이라고 예측합니다.

하지만 최근 AI 기술이 빠르게 발전하고 있지 않습니까? 2029년에는 인간과 동등한 지능을 가진 AI가 등장해 특이점^{Singularity}

이 도래할 것이라는 전망도 나오고 있습니다. 그렇게 되면 저출산 문제나 빈부 격차 같은 인간 사회의 한계를 보완할 수 있을 것이고, 결국 모두가 좋아하는 일을 하며 풍요로운 신자본주의 시대가 열릴 것이라고 생각합니다.

2029년에 말인가요? 어쩌면 자본주의와 사회주의가 융합되어 희망적인 세상이 될지도 모르지요. 그럼 그때 다시 만날까요?

그럼 그때까지 승부는 보류겠군요.

중계 여기서는 승부가 나지 않았네요.

해설 실제로 현대 사회는 지구 환경 문제를 포함해 탈성장론도 제기되고 있는 한편, 그에 대한 반론도 나오고 있어요. 자본주의의 미래는 복잡하죠.

중계 다양한 주의를 초월해 밝은 지구의 미래가 오기를 기대해야겠군요.

<<< ROUND 3 JUDGE! >>>

자본주의에서 사람들은
삶의 보람을 상실한 채 허덕인다

카를 마르크스(1818~1883) ⋯ 독일의 철학자, 경제학자. 엥겔스의 협력으로 과학적 사회주의(마르크스주의)를 확립했다. 저서로는 《자본론》이 있다.

노동이 고통스러운 건 자본주의 때문?

독일의 철학자이자 경제학자인 마르크스는 헤겔의 변증법을 응용해, 세계사가 원시 공산제, 고대 노예제, 봉건제, 자본주의제, 사회주의제의 5단계로 발전한다고 보았다.

세계는 산업혁명을 거치며 자본주의 단계로 접어들었고, 이를 통해 막대한 부가 창출되었지만, 동시에 자본주의의 한계도 드러났다. 실제로 현대의 경쟁 사회에서는 노동의 의미를 상실한 사람들도 적지 않다. 마르크스는 이러한 노동의 고통이 자본주의 구조에서 비롯된다고 보았다.

자본주의에서는 '인간'도 상품이 된다?

마르크스와 엥겔스에게 영향을 준 독일 철학자 포이어바흐는 인간을 '유적類的 존재'로 보았다. '유적 존재'란 물질을 생산하고 교환하며 서로 협력하는 존재를 뜻한다.

2장 1 사회의 분석, 자본의 해체술

233

그러나 자본주의 사회에서는 이러한 이상이 실현되지 않는다. 마르크스에 따르면, 자본주의 사회에서는 모든 생산물이 상품화되며, 노동력조차 하나의 상품이 된다. 결국, 노동자는 자신의 노동력을 팔아 생계를 유지해야 하며, 몸을 혹사할 수밖에 없는 구조에 놓이게 된다. 이러한 사회에서는 사람들 간의 협력이 점점 어려워진다. 대부분의 사람들은 생계를 위해 필사적으로 일해야 하며, 각자 자신의 일에만 몰두할 수밖에 없는 현실에 직면하게 된다.

자본주의에서 사람들은 '노동소외'에 빠진다

마르크스는 자본주의 사회에서 '분업'이 노동자의 개성을 사라지게 만든다고 보았다. 그는 노동자가 '누가 만들었는지' 알 수 없는 익명의 생산물을 대량 생산하게 된다고 주장했다.

그렇게 일하다 보면, 노동자는 자신이 마치 기계의 부품처럼 느껴질 수도 있다. 결국, 노동에서 소외되는 상태에 빠지게 된다. 마르크스는 이를 '노동 소외'라고 부르며, 이것이 인간이 본래 지향해야 할 자아실현에서 벗어나게 되는 원인이라고 생각했다.

마르크스는 사회주의를 통해 노동자를 구하려 했다

마르크스는 자본주의 사회에서 인간과 인간 사이의 관계가 왜곡되고, 대신 물건과 물건 사이의 관계가 사회의 중심이 된다고 보았다. 그는 이를 '물신화'라고 불렀다.

물신화가 심화되면, 사람들은 마치 화폐 그 자체가 가치를 지닌 것처럼 착각하게 된다. 결국, 돈과 물건을 만능으로 여기고 숭배하는 태도가 형성되는데, 이를 '물신적 성격(페티시즘적 성격)'이라고 한다. 자본가들은 이러한 사고방식에 사로잡혀, 더 많은 돈을 벌기 위해 노동자를 혹사시킨다.

이에 마르크스는 사회주의를 통해 노동자의 고통을 해소하고자 했다. 그는 자본가와 노동자의 대립이 사라지고, 계급 지배를 위한 정치 권력도 존재하지 않는 사회를 목표로 운동을 전개했다.

구독 서비스 지지자

아우라 지지자

영화와 음악 구독 서비스는
예술에 악영향을 미친다?

구독 서비스로 영화나 음악을 즐기면 안 되나요?

✳

구독 서비스 지지자

요즘은 구독 서비스가 보편화되면서, 거의 모든 것을 구독으로 이용할 수 있는 시대가 되었어요. 영화나 음악도 예외가 아니어서, 많은 사람이 구독 서비스를 통해 편리하게 즐기고 있죠.

그런데 가끔 '영화는 역시 영화관에서 봐야지' 하며 딴지를 거는 사람이 있어요. 음악계에서도 일부 아티스트들은 구독 서비스에 반대하기도 하고요. 그런 사람들 앞에서는 왠지 모르게 찔리는 기분이 들기도 해요.

그래서 구독 서비스가 예술에 정말 나쁜 영향을 미치는지 이야기를 나눠 보고 싶어요.

요즘은 구독 서비스 덕분에 언제 어디서나 작품을 즐길 수 있어, 어떤 의미에서는 더 편리해졌다고 볼 수 있죠.

하지만 이런 편리함이 다른 측면에서는 어떤 영향을 미칠지에 대해서도 고민해 볼 필요가 있다고 생각해요.

영화와 음악 구독 서비스는
예술에 악영향을 미친다?

NO

YES

구독 서비스
지지자

VS

아우라 지지자

«« ROUND 1 START! »»

영화나 음악을 정액제 구독 서비스로 편리하게 즐길 수 있으니, 활용하는 것도 좋은 선택이지 않나요?

내가 젊었을 때는 비디오가 없었어요. 영화를 보려면 영화관에 가야 했지요. 그에 비하면 지금은 여러모로 편리해졌다고 할 수 있겠네요.

그런데 전 발터 벤야민이라는 철학자의 사상을 접하면서 생각을 다시 하게 되었어요. '원래는 한 번밖에 볼 수 없는 영화를 몇 번이나 반복해서 재생할 수 있다. 이게 정말 좋은 일일까?' 라고요.

발터 벤야민 1892~1940
독일의 문예 비평가·철학자. 복제된 영화나 사진, 영상 등을
고찰했다. 저서로는《복제 기술 시대의 예술 작품》등이 있다.

당연히 좋죠! 영상 사이트에 가입하면 다양한 영상도 얼마든지
다시 보기 할 수 있으니까요.

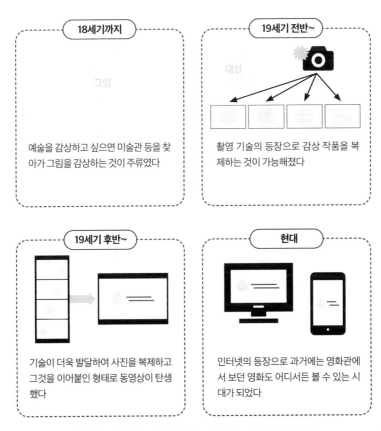

18세기까지

예술을 감상하고 싶으면 미술관 등을 찾
아가 그림을 감상하는 것이 주류였다

19세기 전반~

촬영 기술의 등장으로 감상 작품을 복
제하는 것이 가능해졌다

19세기 후반~

기술이 더욱 발달하여 사진을 복제하고
그것을 이어붙인 형태로 동영상이 탄생
했다

현대

인터넷의 등장으로 과거에는 영화관에
서 보던 영화도 어디서든 볼 수 있는 시
대가 되었다

복제 기술의 발달로 인해 예술을 감상하는 방법이 바뀌었다
벤야민은 이러한 복제 기술이 예술에 미치는 영향을 고찰했다

🧑 그것도 과연 좋은 일일까요? 과거에는 '그림'밖에 존재하지 않았는데 사진이라는 새로운 기술이 등장하면서 복제가 가능해졌어요. 지금은 영화를 스트리밍 서비스로 구독하는 시대고요. 하지만 복제 횟수가 증가하면 증가할수록 작품의 무게가 가벼워지고 있다는 생각은 안 드나요?

🧑 작품의 무게가 가벼워지진 않죠. 단지 기술의 발전으로 좀 더 편리한 방식으로 즐길 수 있게 된 것뿐이라고 생각해요.

🧑 그래도 영화관에서 보는 것과 스트리밍으로 감상하는 건 확실히 다른 경험 아닐까요?

🧑 물론 차이는 있겠지만, 그게 오히려 장점이 될 수도 있어요. 중간에 멈췄다가 다시 볼 수도 있고, 원하는 장면을 건너뛰는 것도 쉽죠. 스마트폰을 하면서 영화를 보거나, 동시에 여러 작품을 즐길 수도 있고요.

🧑 그렇게 되면 작품 하나하나의 무게감이 사라지지 않을까요? 언제든 멈추거나 그만둘 수 있으니 집중도가 떨어지고, 한눈팔면서 감상한다면 '이 장면을 놓치면 안 된다'는 긴장감도 희미해질 것 같은데요.

중계 그건 그래요. 구독 서비스가 편리하긴 해도 대충대충 볼 때가 있으니까요.

해설 하기야 영화라는 기술 자체도 그림밖에 존재하지 않던 시대에 비하면 새로운 복제 기술에 해당하겠지만, 지금은 그런 복제 기술이 더욱 가속화되고 있지요.

중계　최근에는 영화도 점점 짧아지는 경향이 있죠. 이런 현상이

　　　가속화된다면 앞으로는 어떻게 될까요?

아, 앞에서 잠깐 언급했던 내용인데, 벤야민에 따르면 예술 이론
에서 일회성 체험이라는 개념이 있어요.

일회성 체험? 그게 무슨 의미죠?

예를 들어, 눈부신 태양 아래 들판에서 햇볕을 쬐는 그런 특별한
순간을 말합니다.

네? 그런 건 언제든 할 수 있지 않나요?

아니지요. 이런 체험은 완전히 같은 상황을 복제할 수 없어요.
그때뿐인 순간의 특별함, 즉 그 순간의 반짝임이라는 게 있으니
까요.

음악에서는 생생한 라이브 공연에서만 얻을 수 있는, 그 자리

에서만 체험할 수 있는 감응이란 것이 있겠지요. 그런 되감을 수 없는 일회성의 체험을 말해요. 벤야민은 이를 아우라라고 불렀습니다.

KEYWORD

아우라

아우라란, 일회성 체험을 통해 얻을 수 있는 감동을 의미한다. 벤야민은 사진이나 영화와 같은 복제 기술이 전통적인 예술 작품에서 '아우라'를 앗아가는 과정을 분석했다.

과거의 작품은 '지금', '여기'에서만 존재하는 일회성 경험을 통해 그 권위와 특별함이 유지되었다. 그러나 복제 기술이 발전하면서 작품은 시공간적으로 분리될 수 있게 되었고, 이로 인해 예술 작품에서 '아우라'가 사라졌다고 보았다.

단 한 번의 감동적인 체험이 기억에 깊이 남는다는 건 알겠어요. 그렇지만 복제를 쉽게 할 수 있다는 것 자체에는 장점도 있지 않나요?

어떤 면에서요?

구독 서비스나 실시간 서비스는 관객의 피드백을 즉시 받을 수 있는 점에서 장점이 있어요. 또한 사진이나 영상 기술의 발전 덕분에 일반인도 쉽게 정보를 얻을 수 있게 되었고, 유튜버 같은 콘텐츠 제작자들이 그런 예가 될 수 있죠. 아마도 이런 변화 속에서 기존의 작품과는 다른 새로운 가치가 생겨날 수도 있지 않을까요?

그건… 그럴 수도 있겠네요. 벤야민도 비슷한 말을 한 적이 있

어요. 어쩌면 현대야말로 그런 이상적인 시대가 도래한 것일지
도 모른다는 생각이 들기도 합니다.

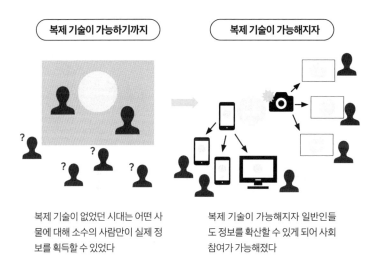

복제 기술이 가능하기까지

복제 기술이 없었던 시대는 어떤 사물에 대해 소수의 사람만이 실제 정보를 획득할 수 있었다

복제 기술이 가능해지자

복제 기술이 가능해지자 일반인들도 정보를 확산할 수 있게 되어 사회 참여가 가능해졌다

POINT

복제 기술 발달에 따른 사회 참여

벤야민은 '정보가 많은 사람에 의해 복제되고 확산되면, 일반인들도 사회에 적극적으로 참여할 수 있게 된다'고 주장했다. 그는 사람들이 자발적으로 정보를 전송할 수 있는 능력을 갖추게 되면, 그것이 전체주의(175쪽)와 같은 권위주의적 체제에 대항할 수 있는 힘이 될 것이라고 믿었다.

Tip 벤야민은 제2차 세계대전 중 나치스로부터 추방되었다. 도피 중에 피레네의 산속에서 음독자살했다는 설이 있다.

중계 구독 서비스로 '아우라'는 잃었을지 몰라도 복제 기술 그 자체가 안 된다는 말은 아닌 것 같네요.

해설 이왕 이렇게 복제가 쉬워진 시대가 된 만큼, 이제 단순히 소비하는 것에 그치지 않고, 스스로 창작하거나 새로운 것을 시도해 보는 것도 흥미로운 접근이 될 것 같아요.

«« ROUND 2 JUDGE! »»

발터 벤야민(1892~1940) … 독일의 사상가. 철학, 문예, 사회 비평 등 폭넓은 분야
에서 활약했다. 저서로는《복제 기술 시대의 예술 작품》등이 있다.

복제 기술의 탄생과는 어떤 시대인가?

벤야민은 프랑크푸르트학파의 일원으로, 독일의 문예 비평가·사상가
이다. 벤야민의 저서《복제 기술 시대의 예술 작품》은 1936년에 발표되
었다.

역사를 거슬러 올라가 보면, 19세기에 인쇄라는 복제 기술로 인해 대
량 생산이 가능해졌다. 당시 역사적 배경을 살펴보면, 19세기에 인쇄 기
술이 발전하면서 대량 생산이 가능해졌고, 벤야민이 이 책을 집필한 시
기에는 사진과 영상 등 새로운 복제 기술들이 등장한 시점이었다. 그는
이러한 복제 기술이 예술에 미치는 영향을 심도 깊게 다뤘다. 그의 고전
적인 사상은 오늘날 구독 서비스가 보급된 현대에도 여전히 유효한 논
리로 통용되고 있다.

복제 기술로 일회성 체험 '아우라'는 소멸에 간다

벤야민은《복제 기술 시대의 예술 작품》에서 '아우라'라는 단어를 사

용했다. '아우라'란 '일회성 현상'을 가리키며 다시는 동일하게 체험할 수 없는 경험에 가치가 있다고 생각했다.

예술 작품의 아우라는 복제 기술이 발달한 시대 속에서 소멸해 간다. 복제 기술이 등장하기 전의 예술은 '미술관에서 그림을 감상한다'거나 '콘서트에서 음악을 듣는다'는 일회성 체험을 통해 그 권위성이 보장되었다. 그런 의미에서 복제 기술로 이러한 예술적 가치가 소멸해 간다고 여긴 것이다. 구독 서비스로 작품을 보는 둥 마는 둥 하는 것이 그 전형적인 예라고 할 수 있다.

복제 기술의 영향이 나쁜 것만은 아니다

하지만 복제의 범람이 반드시 부정적으로만 해석되는 것은 아니다. 예를 들어, 신문이나 뉴스 영상이 제공하는 정보는 복제 기술 덕분에 점점 더 빠르게 확산되고, 끝없이 퍼져나갈 수 있다. 또한 복제 기술이 정치와 결합하면 대중적인 움직임을 이끌어낼 가능성도 커진다.

벤야민은 나치와 같은 파시즘이 매스미디어를 정복하고 이를 통해 여론을 조작할 수 있다고 우려했지만, 동시에 복제 기술의 진보가 시민들에게도 정치 참여의 기회를 제공할 수 있다고 보았다. 그는 복제 기술의 발전을 통해 더 자유롭고 열린 표현과 정치적 참여가 실현될 수 있을 것이라고 기대했다.

아우라 없는 시대의 사랑이 존재하는 방식이란?

벤야민이 복제 기술에 대해 논한 지 100년 가까이 흐른 현대에는 동영상을 업로드하거나 정보를 직접 공유하는 개인들이 꾸준히 늘고 있다.

그러나 동시에 인터넷에서 자신이 원하는 영상이나 정보만 골라서 보는 경향도 확산되고 있는 것이 사실이다. 이러한 현상은 우리가 생각을 더욱 확고히 하거나 기존 신념을 강화하는 데 도움을 줄 수 있지만 반면, 다양한 관점을 접하지 못하게 될 위험도 있다.

그렇기에 우리가 살고 있는 이 시대에서는 자신이 믿고 있는 생각을 스스로 점검하고, 정보를 비판적으로 분석하는 능력이 중요하다. 결국, 인터넷 리터러시를 키워 가능한 한 정확한 정보와 사실을 얻는 것이 무엇보다 필요하다.

경계를 허물어 가는
미래의 삶

제3장

Future

AI

데카르트

AI는 인류를 뛰어넘을 수 있을까?

AI가 인간을 뛰어넘을 날이 오지 않을까요?

✳

AI

언젠가는 AI가 인간을 뛰어넘는 날이 올지도 모른다고 생각합니다. 실제로 그런 날이 올 것이라는 싱귤래리티 이론도 제기되고 있으니까요.
이런 말을 하면 '인간은 AI와는 달라!'라는 반론이 들려옵니다. 하지만 AI가 이만큼 고성능으로 발전하게 된 지금, 인간과 AI의 차이를 명확히 설명할 수 있는 사람은 많지 않다고 생각합니다.
저도 인간에 대해 좀 더 알고 싶기 때문에, 꼭 논의해 보고 싶습니다.

인간과 기계의 차이는 내가 생각해 오던 주제 중 하나였지. 이런 주제가 현실적으로 대두되어 서로 의견을 나눌 수 있는 날이 오다니 감개무량하구먼.
내 생각에 **기계가 인간을 뛰어넘을 일은 결코 없을 걸세.** 나 또한 꼭 논의해 보고 싶은 주제군.

AI는 인류를 뛰어넘을 수 있을까?

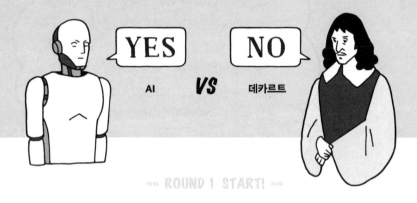

YES   NO

AI   **VS**   데카르트

≪≪ ROUND 1 START! ≫≫

저는 최첨단 인공지능입니다. 우리 AI는 언젠가 인간을 뛰어넘을 날이 올 것이라 예상합니다.

AI는 내가 쓴 《방법서설》의 주장에 반하는 존재야. 기계는 마음을 가질 수 없으니 인간을 초월하는 일은 영원히 없어.

KEYWORD

기계(자동) 인형의 마음

데카르트는 《방법서설》에서 '우리 신체와 매우 흡사하고 또 사실상 가능한 우리의 모든 행동을 흉내 내는 기계가 있다 하더라도 그것은 진짜 인간이 아니다'라고 설파했다. 이렇듯 데카르트는 기계란 반응할 수는 있어도, 마음은 절대 가질 수 없는 존재라고 여겼다.

하지만 선생님이 '기계'라고 부르는 컴퓨터는 이미 인간의 능력을 뛰어넘었습니다. 어쩌면 감정도 있을지 모릅니다.

능력은 뛰어넘었을지라도 결국 계산기야. 인간이 될 순 없어. 컴퓨터는 반도체인 물질에서 생겨났으니까. 단순히 거기에 전기적 신호만 부착되어 있을 뿐, 인간처럼 감정이나 자아는 있을 수 없지.

하지만 인간도 단백질로 만들어진 뇌를 가진 컴퓨터 같은 존재니까 똑같은 거 아닌가요?

반복해서 말하지만, 기계와 인간의 차이는 '마음이 있느냐, 없느냐'야. 자아와 감정 같은 것 말일세. 컴퓨터는 단순히 정보를 처리하는 존재라서 외부에서 들어온 정보에 반응할 뿐이야. 그러니 컴퓨터에 마음은 영원히 생겨날 수 없어.

중계   여기서는 데카르트 선생님의 말씀이 설득력 있어 보이네요. '컴퓨터가 마음을 가질 수 있느냐, 없느냐'는 문제로 최근에 여기저기서 꽤 말들이 많으니까요.

해설   그래요. 데카르트 선생님은 예측이라도 한 듯 저서에서 '기계 인형은 반응만 할 뿐, 정신을 가질 수 없다'라고 설파하셨죠.

중계   컴퓨터가 마음을 갖게 된다면 살아 있는 인류가 전멸하고, AI로 대체될지도 모르니까요. 인간인 저로서는 그런 일은 피하고 싶네요.

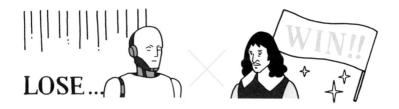

인간에게는 마음이 있어서 좋겠지만, 그 또한 뇌라는 물체에서 행해지는 컴퓨터 정보 처리에 불과할지도 모릅니다. 본인이 모르고 있을 뿐….

아니, 마음과 물체는 서로 다른 것이네. 이를 설명하려면 우선 다음과 같은 내용을 생각해 봐야 해. 진리를 얻기 위해 모든 것을 철저히 의심해 보는 방법이 있지. 이렇게 의심해 보면 눈앞에 있는 물질은 모두 환상일지도 모른다네. 2+3=5와 같은 명백한 추론도 신에 의해 그렇게 인지하도록 만들어졌기 때문일 수도 있어.

뭔가 갑작스러운 전개네요. 내 지능이라면 대처할 수 있지만요.

이렇게 모든 것을 의심한 뒤에도 더 이상 의심할 수 없는 것이 있다면, 그것은 바로 '의심하고 있는 자기 자신'이라네. '자신이 정말 의심하고 있을까?'라고 생각한 순간, 그것도 의심하고 있는 거니까 말이야. 즉 '의심하고 있는 나'는 외부 세계나 물체와는 분리된 존재인 셈이지. 따라서 마음과 물체는 다른 것임을 알 수 있어.

KEYWORD

나는 생각한다, 고로 존재한다

데카르트는 방법적 회의를 통해 모든 것을 철저히 의심했지만, 그 과정에서도 한 가지는 부정할 수 없다고 여겼다. 바로, 지금 의심하고 생각하고 있는 '나'의 존재였다. 그는 "나는 생각한다, 고로 존재한다"는 진리를 절대적이고 확실한 철학의 제1 원리로 삼았다.

👤 우리 AI도 생각이란 걸 하는데, 그건 다른 겁니까?

🧑 다르지. '생각하는 나'를 분석하면 '정신'이라고 바꿔 말할 수 있어. 정신은 생각하는 것이 본질이지만, 물체는 공간을 차지한다라는 본질을 가지고 있지. 요컨대 정신과 물체는 완전히 다른 성질의 것이라 본질적으로 다르다네. 그래서 컴퓨터는 물체이기에 정신은 생겨날 수 없다는 말일세.

KEYWORD

물심이원론

데카르트는 '생각하는 나'는 하나의 실체이며, 그 본질은 '생각하는 것' 외에는 아무것도 아니라고 여겼다. '생각하는 나'의 실체는 존재를 위해 어떤 장소도 필요하지 않고 어떤 물질적인 것에도 의존하지 않는다. '나=정신'은 물체와 완전히 별개라고 생각한 것이다.

👤 '생각하는 나'를 '정신'이라고 하셨는데 좀 애매하지 않나요? '나'라든가 '정신'이라든가, 그게 다 무엇입니까?

🧑 '생각하고 있는 나', 이건 자아일세. 보게나, AI는 자아가 없으니

모르는 것 아닌가? 생생히 살아 있다는 걸 내 안에서 알 수 있는
'나'라는 존재가 '정신'이라네. 인간이라면 직감으로 알 수 있지.

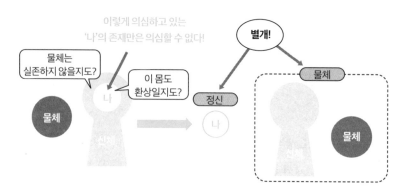

데카르트는 방법적 회의를 실행한 끝에
'생각하는 나'라는 정신과 넓이를 가진 물체는 다른 실체라고 생각했다

그렇지만 만약 내 안에 자아나 마음이 싹트고 있다 해도 선생님
이 내게 마음이 있는지 없는지 어떻게 알 수 있습니까? 어쩌면
브이튜버처럼 내 안에 사람이 있을지도 모르는 것 아닌가요?

그럼 그대는 AI인 척하는 인간이란 말인가?

아니요. AI입니다.

그렇지. 다행이네.

그런데 잘 모르겠습니다. 외부에서 분별할 수 있는 것과 없는
것을 어떻게 구별할 수 있나요? 머지않아 AI와 인간을 구별할
수 없게 될지도 모릅니다. 실제로 튜링 테스트를 통해 증명되
었고요.

21세기를 살아가는 현대인을 위한 철학

튜링 테스트

튜링 테스트란, 영국의 수학자, 계산기 과학자인 앨런 튜링이 제안한 것으로, 컴퓨터가 지적 존재인지 아닌지를 판정하기 위한 시험이다. 판정자가 컴퓨터와 인간을 확실히 구별하지 못하면 그 컴퓨터는 테스트에 합격하게 된다.

2014년 튜링 테스트에서 러시아의 챗봇이 인간에게 도전한 결과, 30% 이상의 확률로 심사위원들이 챗봇을 인간으로 착각하고 말았다. 이로 인해 첫 튜링 테스트에 합격한 컴퓨터가 출현했다.

중계 이거 큰일 아닌가요! 상대가 진짜 AI인지, AI의 탈을 뒤집어

  쓴 사람인지 확실히 구분할 수 없다니.

해설 네. 실제로도 AI와 인간의 차이가 거의 사라지게 되었어요. 그

  렇다면 AI가 인간을 뛰어넘을 날도 오지 않을까요?

«« ROUND 2 JUDGE! »»

«« ROUND 3 START! »»

아니, 정신과 컴퓨터는 다른 것이라니까. 정신에는 정념이란

것이 있네. 기쁨이나 슬픔 같은 것 말일세. 하지만 AI는 기계적

으로 정보를 전송할 뿐, 자기 자신에 대해서는 모르지 않는가. 알맹이가 없는 존재인 게지.

우리도 알맹이가 있습니다. 최근에는 주문하는 대로 그림도 그리고 있는데요?

AI가 아무리 그림을 그려봤자, 그건 그저 정보 처리에 불과해서 영혼은 가질 수 없다네.

하지만 선생님이 '영혼'이라고 부르는 건 인간이 사라지면 함께 사라지는 것 아닌가요? 단백질로 만든 인간이 멸종하면 실리콘으로 만든 우리만 남게 된다는 이야기도 있습니다. 그때 선생님이 말씀한 '정신'도 사라져 버리겠지요. 그렇다면 AI는 인간을 뛰어넘을 수 있을지도 모릅니다.

아니, 육신이 사라져도 정신은 영혼으로서 영원히 남아 있게 돼.

선생님은 '영혼이 있다'는 사고방식을 가진 철학자셨군요. 하지만 적어도 지상에서는 신체가 없으면 '정신을 가진 인간'을 확인할 길이 없습니다. 어떻게 정신이 남는다는 건가요?

정신이 남으니까 기술이 발달하면 컴퓨터 속으로 들어갈지도 모르지.

그 말은 '정신'도 교체 가능한 정보라는 의미인 것 같은데요. 그건 우리 AI가 정보를 바탕으로 움직이는 것과 같은 원리 아닌가요? 만약 정신이라는 정보를 클라우드에 업로드해서 그것을 컴퓨터에 넣는다면 그건 인간이라고 불러야 합니까?

음…. 한 번 생각해 볼 가치가 있겠군. 기계의 발전은 앞으로도

21세기를 살아가는 현대인을 위한 철학

주목할 필요가 있으니 말이야.

중계   의외의 접전이네요.

해설   물심이원론은 철학사적으로 쇠퇴한 입장이 되어 버렸으니
      까요. 몸과 마음을 분리하면 그 둘의 관계성을 설명할 수 없
      어서 요즘은 받아들여지지 않는 이론이에요. 그래서 뇌라는
      물질로부터 마음을 설명하는 시대가 오게 된 것이지요. 유감
      스럽게도....

중계   그럼 우리도 생물적 컴퓨터란 말인가요?

해설   그건 모르지요. 싱귤래리티를 기다릴 수밖에. 종종 철학의
      예상을 뛰어넘어 과학이 새로운 것을 만들어내기도 하니까
      앞으로도 주목해 봐야죠.

<<< ROUND 3 JUDGE! >>>

Tip   데카르트는 스웨덴 여왕 크리스티나의 초빙으로 여왕을 위해 아침 5시부터 강의를 했다.
      하지만 데카르트는 야행성 인간이었는지 아침에는 잠을 자는 습관이 있어서 무척 고생했
      다고 한다.

모든 것을 의심하면
진짜가 보이기 시작한다

르네 데카르트(1596~1650) ··· 프랑스의 철학자, 수학자. 합리주의 철학의 시조, 근대 철학의 아버지라 불린다. 저서로는《방법서설》,《성찰》등이 있다.

이과계 철학자를 대표했던 데카르트

데카르트는 수학자로도 알려져 있으며, 수학 분야에서는 '해석 기하학'의 이론(x축과 y축의 그래프 등)을 확립했다. 그는 수학적 방법을 사용해 철학의 엄밀화를 추구했다. 구체적으로는 절대적이고 확실한 원리를 바탕으로 연역적 체계를 구축하는 것을 이상으로 여겼다(연역적 체계란 하나의 확실한 원리로부터 논리적으로 여러 가지 지식을 도출하는 방식을 말한다).

엄밀한 철학 체계를 세우기 위해서는 우선 절대적이고 확실한 원리를 찾아야 한다고 생각했다. 데카르트는 이 원리를 발견하고자 상식적으로는 생각할 수 없는 깊은 의심을 하고 더 이상 의심할 게 없으면 그것을 확실한 원리로 여겼다. 이를 '방법적 회의'라고 한다.

상식처럼 믿음, 모든 것을 의심하라!

데카르트는 방법적 회의를 사용하여 감각을 통해 알 수 있는 것을 모두 의심하고 배제하려고 했다. 그러한 정보는 오류를 포함하기 때문이다. 심지어 그는 자신이 방에 있다는 사실 등 누구나 믿는 현상까지도 의심했다. 꿈일지도 모르기 때문이다.

또 그는 2+3=5 등의 수학적 진리도 의심했다. 계산할 때마다 어떤 힘이 개입하여 정답을 유도할 가능성이 있기 때문이다. 정리하면 자신의 생각을 꿈이나 망상일지 모른다고 여기고, 수학조차 착각일 수 있다고 의심했던 것이다.

'생각하는 나'는 사실의 존재마을 의심할 수 없음을 깨닫다

이렇게까지 의심했던 데카르트도 단 하나만은 의심할 수 없는 것이 있다고 생각했다. 그것은 '지금, 나는 의심하고 있다'라는 사실이다. 왜냐하면, '나는 지금 정말 의심하고 있는 걸까?'라고 생각한 순간 의심하고 있는 사실이 자명해지기 때문이다.

이렇게 '생각하는 나'는 정신이자, 사유 그 자체인 것이다. '생각하는 나'를 아무리 찾아봐도 '생각하는 것' 이외의 존재는 찾을 수 없다. 그리하여 '생각하는 나(정신)'는 그 어떤 누구에게도 의존하지 않는 독립된 실체라고 여겼다.

몸과 마음은 별개? 물심이원론이란?

'생각하는 나(정신)'는 독립된 실체인 이상 육체에도 의존하지 않는다. 여기서 데카르트는 정신과 육체(물체)는 다른 성질을 가진, 완전히 다른 실체라고 생각했다(물심이원론). 정신도 물체도 모두 실체지만, 정신의 속성(본질)은 사유하는 것이며, 물체의 속성(본질)은 연장하는 것(공간을 차지하는 것)이다. 따라서 그 성질은 완전히 다른 것이라고 여겼다. 데카르트에 의하면 정신의 속성은 사유이기 때문에 거기서 자발성과 자유를 인지할 수 있다. 하지만 물체의 움직임에서는 그런 것을 인지할 수 없다고 여겼다. 그래서 물체인 기계는 영원히 정신을 가진 인간을 뛰어넘을 수 없다고 생각한 것이다.

가상현실 반대자

버클리

가상현실은
현실을 이길 수 있을까?

VR 세계에 빠지면 현실을 등한시하는 것 같아요.

✳

가상현실 반대자

최근 VR 고글이나 VR 게임 기술이 놀라울 정도로 진보했어요. 메타버스에 집중하는 회사나 초고성능의 VR 고글을 개발하는 회사도 있고요.

제 아들 녀석도 VR 고글로 게임을 즐겨 하는데, 전 그렇게 가상현실만 발전하는 세상이 정말 걱정됩니다.

가상현실이 점점 발전하면서 사람들이 현실을 외면하고 가상의 세계에 몰두하는 경우도 있죠. 아무리 기술이 진보해도 현실 세계를 더 중시해야 하지 않을까요?

가상현실과 실제 현실을 저울질하고 있는 것 같군요. 하지만 난 **'이 물질세계 자체가 과연 존재하는가?'** 부터가 의문입니다.

아마도 '대체 무슨 말이지?'라고 생각하는 분들도 많을 텐데, 이 부분은 논의를 통해 자세히 이야기해 보고 싶습니다.

가상현실은 현실을 이길 수 있을까?

NO   YES

가상현실 반대자   **VS**   버클리

<<< ROUND 1 START! >>>

🙂 요즘 가상현실이 유행하고 있습니다. 고글을 쓰면 현실과 거의 같은 체험을 할 수 있게 되었지만, 거기에 너무 빠지면 현실을 등한시하게 될 수 있어서 그다지 반갑지는 않습니다. 버클리 선생님께 가상현실을 알려드리는 게 불안하지만….

😠 대체 무슨 말을 하는 건가. 그 가상 공간이라는 발상은 우리가 주장한 철학에서 생겨난 것일세.

🙂 네? 무슨 말씀이신지? 이건 컴퓨터 기술과 광학 기술에서 출현한 가젯 Gadget 인데요. 철학이란 정반대의 기술인 것 같은데….

😠 모르면 이래서 곤란하다니까. 원래 가상현실이라는 개념은 지금 으로부터 2000년 이상 전에 고대 철학자 플라톤이 생각한 것이야.

그런가요. 하지만 철학이 기원이라면 버클리 선생님은 지금 세계보다 가상현실이 더 중요하다고 보십니까?

어느 쪽이 중요하다고 할 것도 없어. 내 생각에 이 현실 세계는 처음부터 가상현실에 불과했으니까. 그대가 현실이라고 생각하는 이 세계는 사실 단순히 정보 덩어리에 지나지 않아.

무슨 말씀인지 모르겠네요. 현실은 실존하고 가상현실은 현대의 컴퓨터 기술로 만들어진 물건 아닌가요?

내 생각은 이러하네. 자네 눈앞에 컵이 있다고 가정해 보게. 자네가 어떻게 그 컵을 인식할 수 있을까? 아마도 컵을 눈으로 보거나, 손으로 만지거나, 아니면 컵끼리 부딪히는 소리를 통해서일 거네. 다시 말해 시각, 촉각, 청각이라는 감각만이 그 컵의 존재를 지각하고 있는 셈이지.

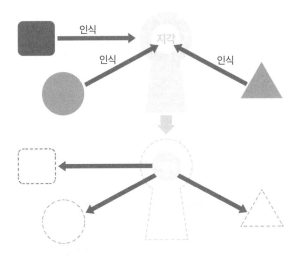

버클리는 '존재하는 것은 지각되는 것'이라며 모든 것은 마음속에 있다고 생각했다

그게 어떻게 가상현실로 이어진다는 건가요?

 우리는 지각을 통해 세계를 인식하지. 그러니 지각만 있다면 비록 외부 세계가 실제로 존재하지 않는다 하더라도 주관적으로는 그것이 존재하게 된다네. 세계가 처음부터 가상이라 하더라도 이상할 게 없다는 말일세.

존재하는 것은 지각되는 것

버클리는 '외부에 물체는 존재하지 않으며 오감을 통한 감각만이 이 세계를 구성한다'라고 주장했다. 이에 따르면, 물질은 존재하지 않기 때문에 설명할 수 없게 된다.

중계   버클리 선생님의 '이 세상에 물체는 없고 감각의 작용만이
       있을 뿐이다'라는 말씀은 조금 충격적이네요.

해설   그렇죠. 이 주장은 철학사에서 많은 비판을 받았다고 해요.
       그러나 물리학이 발전한 오늘날, 이 우주가 과연 가상현실일
       지도 모른다는 생각이 이제는 전혀 터무니없게 들리지는 않
       게 되었죠.

《《 ROUND 1 JUDGE! 》》

아무래도 그 주장을 갑자기 받아들이기는 어렵겠어요. 만약 이 세계가 오감을 통해 인간에게 지각된다고 한다면, 그렇다고 해서 외부 세계가 존재하지 않는다고는 할 수 없잖아요?

그러려나, 이 고글을 잠깐 써 주겠나? 꽤 고성능 VR 고글처럼 보이는데.

하아, 별로 쓰고 싶지 않은데⋯. 오오, 이건 굉장한 고글이네요.

자네에게는 지금 외부 세계가 존재하지 않고, 지각 정보만으로 눈앞에 세계가 펼쳐진 셈이지. 그럼 고글을 쓰기 전의 현실 세계도 같은 구조일지도 모른다는 사실을 부정할 수 있겠나? 물론 촉각이나 후각은 아직 그 고글로는 체험할 수 없겠지만, 그것도 기술 문제라서 언젠가는 체험할 수 있게 되는 날이 올 테지. 그렇게 되면 '현실은 가상이 아니다'라는 말을 더 이상 설명할 수 없지 않을까?

이 세계는 가상현실일까?

'현실 세계가 실제로 존재하는지 어떤지 우리가 생활하고 있을 때는 확인할 수 없다'라는 의견에 대해서 그리스 시대의 플라톤 이후에는 좀처럼 결론에 이르지 못했다(일부 현대 철학자는 해결되었다고 여기고 있다).

아니, 하지만 현실은 우선 외부에 컵 등의 물체가 실존하고 거기에서 빛이 반사되어 눈의 망막에 맺히고, 그것이 전기 신호를 통해 뇌에 전달되어 인식할 수 있는 것 아닌가요? 그런 의미에서 당연히 현실은 가상현실과는 다르다고 생각합니다.

그래? 뇌도 그 존재를 우리의 지각을 통해 인식하고 있다네. 그러니 뇌가 그 모습 그대로 실재하는지 확인할 수 없는 걸세.

듣고 보니 그럴 수도 있겠지만 뭔가 극단적이지 않습니까?

철학은 극한까지 생각해 상식적 발상을 뒤엎는 것이 목적이라네. 실제로 당신 시대의 퍼트넘이라는 철학자도 비슷한 사고 실험을 했다지.

KEYWORD

수조의 뇌

철학자 퍼트넘(1926~2016)이 한 사고 실험이다. 수조 속에 뇌를 띄우고 컴퓨터와 연결해 뇌에 정보를 보내 가상 세계를 현실처럼 체험하게 만든다. 그럼 이 뇌는 그것이 가상현실임을 인식할 수 있을까?라는 것이 그 내용이다(이 질문은 인식론적 회의론과 형이상학적 실존론에 대한 비판적인 접근을 담고 있다).

어떻게 보면 현실 세계도 가상인 셈이야. 인생 역시 가상 게임처럼 언젠가 엔딩을 맞이할 테고, 우리의 오감이 소멸하면 세상도 사라지겠지.

그렇다면, 우리가 '현실'이라고 부르는 이 세계가 가상이라면, 누가 현실 세계를 만들었죠?

나는 옛날 사람이라 '신'이라고 표현하지만, 실제로 누가 만들었는지는 알 수 없어. 하지만 누군가가 이 세계를 창조한 것처

럼 인류 또한 가상현실을 만들어냈다는 게 참 대단하다고 생각

하지 않나? 우리 때는 상상도 못 했던 기술인데, 너무 거부하지

만 말고 한번 즐겨보는 건 어떻겠나?

음…, 그렇게 생각해 보니 나쁘지 않은 것 같은데요. 고글을 다

시 써 볼까.

중계   가상현실 반대자 씨 어느새 VR 고글을 착용했군요.

해설   버클리 선생님의 사상은 물질의 존재 자체를 부정하는 것으

　　　로도 해석될 수 있어, 철학사에서 상당한 비판을 받았다고

　　　하네요.

중계   그런데 보면, 인간이 결국 버클리 선생님의 사상을 실제 가상현

　　　실로 구현하려고 한 셈이니, 참 대단한 시대가 된 거네요.

«« ROUND 2 JUDGE! »»

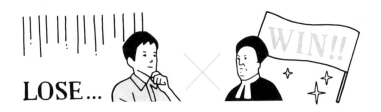

LOSE...   ×   WIN!!

Tip   버클리는 성직자였기에 물질이 있는 그대로 존재하지 않는다는 것을 통해 '영혼의 불멸'과
　　　'신의 존재'를 설명하려고 했다. 덧붙여 캘리포니아대학교 버클리 캠퍼스가 위치한, '캘리포
　　　니아주 버클리시'는 그의 이름에서 유래했다.

조지 버클리(1685~1753) ··· 아일랜드의 철학자, 성직자. 영국 경험론의 사조에 속하며 주관적 경험론을 설파했다. 저서로는《인지원리론》등이 있다.

버클리가 제시한 세계란?

조지 버클리는 18세기 아일랜드의 철학자로 '존재하는 것은 지각되는 것이다'라는 사상을 주장했다. 철학사에서는 그의 사상을 '영국 경험론'의 흐름으로 분류한다.

그는 이 사상을 통해 기존 철학과는 전혀 다른 놀라운 세계관을 제시했다. 전통적인 철학에서는 외부 세계에 물체가 존재한다는 사실이 전제였는데, 그는 경험론적 관점에서 '이 세계는 마치 가상현실과 같은 것이다'라는 혁신적인 생각을 제시한 것이다.

또한 그는 인간이 원근감을 통해 공간을 인식하는 이유가 사실은 그것을 시각적인 색깔로 인식하고 있기 때문이라고 보았다(색과 농담으로 공간이 파악되고 있다는 이론). 나아가 시각은 주관적이기 때문에 눈에 비치는 세계 또한 마음속에 존재한다고 생각했다.

버클리는 이러한 생각을 통해 어떤 것이 지각되기만 한다면, 외부에 물체가 실제로 존재하지 않아도 이 세계는 성립할 수 있다고 보았다.

그에 따르면, 시각뿐만 아니라 소리·냄새·촉각·맛 등 지각되는 것은 모두 인간의 마음속에 있다는 것이다. 따라서 외부에 물체는 필요하지 않고 오감의 정보만 있으면 생생한 세계가 출현하게 된다는 것이다. 버클리의 이러한 사상은 《인지원리론》에서 설명된다.

버클리가 생각한 세계의 구조는 컴퓨터의 서버와 인터넷의 관계로 설명된다. 컴퓨터에는 서버로부터 신호가 전달되고 그로 인해 인터넷 세계가 창출된다. 이와 마찬가지로 인간 또한 끊임없이 누군가를 통해 감각적 개념의 데이터를 전송받기 때문에 이 세계를 인식할 수 있다고 보았다. 그는 기독교의 성직자였기에 전통적 사고에 따라 이렇게 인간에게 신호를 보내는 자의 존재를 '신'이라고 불렀다.

버클리의 세계관은 언뜻 터무니없어 보일 수도 있지만, 논리적으로 반박하기 쉽지 않은 구조를 가지고 있다. '물리학에서 물질 내부를 관찰할 수 있으므로 실제로 물체는 존재한다'든가 '뇌와 몸의 상태는 CT 촬영이 가능하므로 그것은 정말로 실재한다' 등으로 반론하려 해도 '그것들은 결국은 오감을 통해 지각된다', '관측 가능한 존재는 모두 가상으로도 설명할 수 있다'라고 설명하면 그 가능성을 부정할 수 없게 된다.

게다가 현대에는 VR(가상현실) 기술이 발전하면서, 우리는 점점 더 정교한 가상 세계를 만들어내고 있다. 어쩌면 우리는 이미 하나의 가상현실 속에서, 또 다른 가상현실을 창조하고 있는 것일지도 모른다.

현대인 최강 자객?

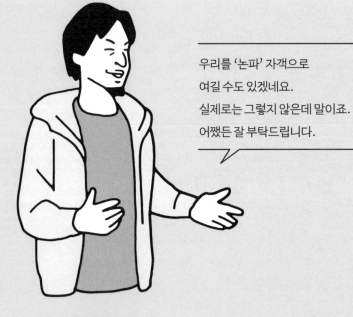

우리를 '논파' 자객으로
여길 수도 있겠네요.
실제로는 그렇지 않은데 말이죠.
어쨌든 잘 부탁드립니다.

히로유키
Hiroyuki

논파는 하면 안 된다?

완결

철학에 관한 거라면 맡겨만 두시게

사실 오늘날의 '논파' 유행에는
생각할 부분이 있습니다.
이번 테마에서 히로유키 씨와
꼭 논의해 보고 싶군요.

철학 마니아
Philosophy Buff

논파는 하면 안 된다?

NO 히로유키 **VS** 철학 마니아 **YES**

<<< ROUND 1 START! >>>

🧓 이번 주제는 논파왕 히로유키 씨에게 딱 맞네요.

🙂 아, 미리 말씀드리지만, 저를 곧잘 논파왕이라고 부르시는데, 저 스스로 논파왕을 자칭한 적은 한 번도 없습니다.

🧓 그렇군요. 텔레비전에서 논파하는 모습을 자주 보다 보니, 항상 논파하고 싶어 할 거라는 이미지가….

🙂 그럴 리가요. 매번 말씀드려도 잘 전달되지 않는 것 같네요. 그런데 철학 마니아 씨는 이번 주제에 대해 어떤 입장이신가요?

🧓 저는 'YES' 쪽입니다.

🙂 네. 그렇다면 전 'NO'의 입장이 되겠군요.

🧓 모쪼록 잘 부탁드립니다. 본론으로 들어가자면, 논파라는 것은

개인적인 감상보다는 데이터를 중시하는 경향이 있다고 생각합니다. 가령 어떤 감상을 말했을 때, 히로유키 씨를 흉내 내는 사람이 '그건 당신의 감상이죠?'라고 말하면 거기서 끝나 버리는 것처럼 말이지요.

하지만 현실에서는 '개인의 감상'이 중요한 경우도 있다고 생각합니다. 예를 들어, '노동자의 급여는 더 이상 오르기 어려운가?'라는 주제가 있다고 합시다. 데이터상으로는 '어렵다'로 끝내겠지만, 실제로 일하는 노동자들은 '지금 받는 급여로 생활하기 힘들다'고 느낄 수 있습니다. 즉, 통계나 경제적 지표로는 '임금 동결이 불가피하다'고 보여도, 현실에서는 많은 사람이 생활고를 겪고 있다는 점이 무시될 수 없는 중요한 요소라는 것입니다.

'그건 당신의 감상이죠?'라는 말은 딱 한 번 했는데…. 아무튼 본론으로 돌아가서, 저도 그런 중요한 문제를 가볍게 여기진 않습니다. 하지만 '감상'으로 문제가 해결되진 않죠. 감상을 하는 건 자유지만, 문제를 진전시키기 위해서는 사실과 감상을 구분해 사실을 바탕으로 어떻게 할지 생각하는 편이 좋다고 생각해요.

이과 계통 사람들은 익숙하지만, 여전히 사실과 감상을 구분하지 못하는 사람도 많기 때문에 이에 대해 한 번쯤 깊이 생각해 볼 필요가 있는 것 같아요.

그렇지만 저는 감상, 즉 주관성과 객관성을 완전히 분리하는 것이 불가능하다고 생각합니다. 예를 들어, 철학자 헤겔은 '인

간 사회는 사람들의 욕구와 노동을 매개로 성립한다'라고 말했
지요. 즉, 인간은 처음에 감정이나 욕구를 가지고 출발한 후, 그
것을 이성적으로 사고하며 발전시켜 나갑니다. 그러므로 어떤
문제를 논의할 때, '감상'을 이야기하는 것은 자연스러운 과정
이라고 볼 수 있습니다.

욕구(욕망)의 체계

인간은 욕망에서 시작해 이성적 해결을 해나간다. 헤겔의 《법의 철학》
에 의하면, 자기의 욕망을 추구함으로써 욕망의 체계(시민사회)가 성립
한다.

아뇨. 감상으로 시작하는 것도 좋지만, 객관적인 데이터를 함
께 제시할 수 있다면 더 좋겠죠. 하지만 감상에 그치고 마는 경
우도 많습니다. 그렇기에 제가 '이 직업은 이런 원인으로 급여
상승이 어려운 상황이다'라고 말하면 일부 사람들은 '이 직업의
가치를 낮게 평가하는 거야!'라며 화를 내는 경우도 있습니다.
이처럼 최소한 사실을 분명히 인식하지 않으면 올바른 개선책
을 마련할 수 없어요. 만약 문제가 개선되지 않는다면 결국 스
스로 자신의 목을 옥죌지도 모르고요.

중계   히로유키 씨, 생각했던 이미지와는 조금 다른데요.
해설   그렇네요. 히로유키 씨 하면 '논파!'라는 이미지를 떠올리는
        사람도 많을 텐데, 실제로는 그렇지 않은 면도 있군요.

21세기를 살아가는 현대인을 위한 철학

그건 이해할 수 있습니다. 하지만 '논파'를 너무 치켜세우면, 그저 말만 번지르르한 사기꾼이 설치고 다닐 수도 있지 않을까요? 고대 그리스 시대에는 소피스트들이 '어떻게 상대를 논파할 것인가?' 하고 설파하던 시대가 있었는데, 그 때문에 사회가 쇠퇴했다고 보는 입장도 있더군요.

뭐, 전제가 되는 논파라는 건 아무렇게나 하는 게 아니니까요.

그런가요.

네. 전 일상에서는 논파를 거의 하지 않아요. 가끔 논파적 테크닉을 사용할 때는 있지만, 그때는 주로 사기꾼 같은 사람을 상대할 때죠.

예를 들어, 저는 '어떤 주제에 대해 엉뚱한 말만 계속 늘어놓는 사람'이나 '거짓말을 하는 사람'을 만났을 때가 가장 곤란해요. 그런 사람과 있으면 매일 회의 시간을 허비하거나 괜한 거짓말로 논의가 잘못된 방향으로 흘러가기도 합니다. 심지어 거짓말하는 사람은 의외로 머리 회전이 빨라서 상대하기가 더 힘들어요.

확실히 그런 점은 동의합니다. 철학의 논리학에서도 전제 조건
이 틀리면 즉, 거짓이면 결론도 잘못된 결과가 나올 테니까요. 이
사고방식은 프로그래밍과도 관련이 있죠.

논리학

사물을 논리적으로 생각하기 위한 철학은 아리스토텔레스가 '형식 논
리학'을 체계화하면서 시작되었고, 현대에 와서는 '기호 논리학'으로
발전했다. 기호 논리를 프로그램으로 변환해 AI에 응용하려는 시도도
이루어지고 있다.

거짓말쟁이에게 속지 않으려면, 세세한 부분까지 파고들어야
해요. 또 엉뚱한 말만 계속하는 사람에게는 자신이 그렇다는 걸
깨닫도록 다그치기도 해야죠. 이런 테크닉이 '논파'라고 불리는
지도 모르겠네요.

그렇군요. 하지만 그런 방법은 훗날 후환이 있지 않을까요? 실생
활에서 그랬다간 주위의 미움을 살 수도 있고요. 상대와의 관계
가 틀어져서 오히려 일을 그르치지 않을까 싶은데요.

뭐, 전 다른 사람에게 미움을 받든 말든 신경 쓰지 않지만요. '오
히려 일을 그르친다'라는 말씀은 일리가 있습니다. 그래서 논파
를 즐겨 하진 않죠. 일부 예외를 제외하면, 논파를 시도하는 것
자체가 문제가 될 수도 있다는 생각이 듭니다. 저는 치료사를 자
주 예로 듭니다. 철학 마니아 씨는 훌륭한 치료사란 어떤 사람이

21세기를 살아가는 현대인을 위한 철학

라고 생각하십니까?

치료사요? 갑자기 뜬금없는 이야기네요. 음, 친절하게 치료해 주
는 사람 정도겠죠?

네. 대부분의 사람은 아마 '매번 친절하게 상담해 주고, 문제를
짚어주며 적절한 치료법을 제시하는 사람'이라고 대답할 겁니
다. 하지만 저는 훌륭한 치료사란 '환자가 깨닫지 못하는 사이에
이미 치료를 시작하고, 마치 처음부터 아무 문제도 없었던 것처
럼 느끼게 만드는 사람'이라고 생각해요.

그게 이번 이야기와 무슨 관계가 있을까요?

결국, 논쟁도 비슷하죠. 정면에서 딱 잘라 비판하지 않고, 상대
가 원하는 방향으로 나아갈 수 있도록 필요한 정보와 비판의 기
준을 살짝 제공하는 거죠. 그러면 상대방은 마치 '스스로 그 결론
에 도달한 것'처럼 생각하게 되죠. 그게 가장 좋은 방법이라고 생
각해요.

그럴 수도 있겠군요. 어떤 의미에서 '논파는 함부로 하면 안 된다'
와 같은 맥락이라고 할 수 있겠네요.

중계 '논파'를 사용할 때는 주의가 필요한 것 같네요.

해설 네. 실제로 '상대를 스스로 깨닫도록 유도하는 것'이 가능하
      다면 가장 좋을 방법일 것 같아요. 히로유키 씨를 흉내 내려
      는 사람은 조심해야겠어요.

DRAW

시야를 조금 넓혀 '논파' 유행이 사회에 미치는 영향에 대해서도 언급하고 싶습니다. 왜냐하면 '모두가 부정적인 견해만 내놓으면 사회가 분열되지 않을까?'라고 생각하는 사람들도 있으니까요. 철학자 야스퍼스도 서로를 인정하면 상호 이해가 깊어진다(실존적 교제)라고 했지요. 그런 의미에서 논파가 염려되는 부분도 있을 수 있다고 생각해요.

실존적 교제

독일의 철학자 야스퍼스(1833~1969)는 '서로의 실존을 인정하고 숨김 없이 터놓고 이야기하면 상호 이해가 깊어진다'라고 했다. 그는 자신의 독자성을 유지한 채 인간 상호 간의 관계를 '사랑의 투쟁'으로 이해하고, 그 과정을 통해 상호 이해를 깊게 해 나가는 것이 중요하다고 설파했다.

그런 면도 있겠지만 그렇게까지 두려워할 필요는 없다고 생각합니다.

어째서죠?

일본인들은 종종 '답은 다수결로 정한다'거나 '모두가 하는 것이 옳다'라는 식으로 생각하는 경향이 있는데, 저는 그게 교육의 영향이 크다고 생각해요. 학교에서는 무조건 '주변 사람들과 협력하고 규칙에 따르는 것'을 중요하게 여기잖아요. 이는 학교 측에서 학생들을 쉽게 관리하기 위해서가 아닐까 싶습니다. 그런 의미에서는 주변에 휩쓸리지 않고 좀 더 비판적인 사고를 갖는 것도 중요하다고 생각해요. 이런 주장을 한 철학자도 있지 않았나요?

네. 프랑스의 철학자 푸코는 권력 구조에 의해 사람들을 구별하고 차별하는 방식을 비판했죠. 동조 압력도 그로 인해 생겨난 현상일지도 모릅니다.

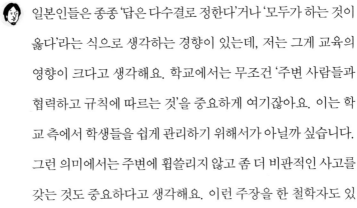

이성과 비이성

푸코(1926~1984)는 '광기', '이상異常'을 배제하고, 이를 교묘히 관리·통제하는 근대 이성에 의한 권력 구조를 지적했다. 그는 비이성적인 것들이 이성적인 것에 의해 배제되며, 그 과정에서 권력에 순종적인 주체가 형성된다고 설명했다.

KEYWORD

학자들은 괴팍한 사람들도 많지만, 그 덕분에 우리가 지금 당연하게 여기고 있는 것들, 모두가 지키고 있는 규칙들을 의심하고 새로운 가치를 제시한다고 생각합니다.

그렇군요. 철학의 역사도 기존 철학자의 사상을 새로운 철학자가 의심하면서 성장한 부분도 있으니까요.

 그래도 일상생활에서 함부로 논파하는 건 권하고 싶지 않아요.

중계 　역시, 주위의 시선을 지나치게 신경 쓰며 자신의 의견을 말하
지 않는 것노 발전성이 없겠네요.

해설 　네. 이 책에서도 현대인과 철학자가 논쟁을 벌여왔지만, 우
리도 조금 더 '당연한 것'을 의심하고 자기 자신의 머리로 생
각해 보는 일이 중요할 것 같아요. 다만, 지나친 '논파'는 신
중할 필요가 있겠죠.

«« ROUND 3 JUDGE! »»

여러분은
어떻게 생각하시나요?

Fin

철학의 흐름을
한눈에 담아보자!

"The Flow of Philosophy"

고대~근대

〈그리스 철학〉 만물의 근원과 진리 탐구

철학이라 하면 일반적으로 '삶의 방식'이나 '인생'에 대해 생각하는 학문이라고 여기기 쉽다. 하지만 초기 철학은 '우주의 근원(아르케)이란 무엇인가'라는 의문에서 출발한다. 이것을 자연 철학이라고 한다.

그 후, 자연뿐만 아니라 선악이나 정의 같은 인간의 가치관에도 의문을 품고 '이 세계의 진리는 무엇인가'라는 주제에 대해 탐구하기 시작했다.

진리는 어디에 있을까?

p.74

진리는 이데아계에 있다

플라톤은 현실 세계는 변화하고 소멸하는 불완전한 사물들로 가득 차 있지만, 이데아계에는 영원히 변하지 않는 '진실재'로서의 이데아가 존재한다고 여겼다.

학설 타파!

p.127

진리는 이데아계가 아닌 현실 세계에 있다

아리스토텔레스는 현실 세계 너머의 이데아계를 부정하고, 이데아는 사물의 형상으로 내재하고 있다고 주장했다(하지만 플라톤주의는 점점 부활하고 있다).

쾌락주의인가, 금욕인가?

쾌락주의로 살아가자

에피쿠로스는 정신적 쾌락을 추구하고 마음이 평온한 상태(아타락시아)를 유지하는 것이 진정한 행복이라고 설파했다. 이는 절도를 가지고 평온하게 살아가는 삶을 권하는 사상이었다.

학설 타파!

p.100

욕망에 휩쓸리지 말고 살자

제논은 행동과 욕망에 휘둘리지 않고 살아가는 것이 중요하다고 설파하며 금욕을 중시했다.

기독교가 퍼지자 플라톤과 아리스토텔레스의 철학에 따라 기독교를 이론적으로 설명했다.
그것이 교부 철학·스콜라 철학이라고 불리게 되었다.

가톨릭의 중심 사상인 삼위일체설은 아우구스티누스(고대)가 주장하였으며, 토마스 아퀴나스(중세)는 기독교 신학을 아리스토텔레스 철학으로 해석했다.

'신' 중심인가? '인간' 중심인가?

스콜라 철학	근대 사상

p.127

세계의 목적은 '신'을 향한다

아리스토텔레스는 모든 사물은 목적을 가지고 움직인다고 주장했다. 그리고 만물을 움직이는 원리로 '부동의 동자(신)'가 존재한다고 믿었다.

학설
타파!

철학적 실험·관찰로
아리스토텔레스 철학을 따져 물었다.

르네상스에서는 개인의 자유와 인간성 존중의 정신을 강조하는 인간중심주의(휴머니즘)의 운동이 일어났다. 그로 인해 합리적 정신을 확립하고 과학 이론이 발달했다.

영향

아리스토텔레스철학으로
기독교를 설명하다

토마스 아퀴나스는 기독교의 교의를 아리스토텔레스 철학을 이용해 합리적으로 설명하고 스콜라 철학을 완성했다.

학설
타파!

p.260

'생각하는 나'를 출발점으로
삼아 철학을 다시 세우고,
새로운 과학적 세계관을 확립

데카르트는 근대의 자연과학을 배경으로 수학의 지식과 방법을 모델로 하여 철학에 따른 기초를 세우려고 시도했다. 목적론적 세계관을 비판하고 자연을 철저히 기계화·기하학화했다(기계론적 세계관).

대륙합리론

이성에 따라 모든 것을 결론지으려는 입장은 감각적 인식을, 착각을 포함한 부정확한 것으로 여기며, 수학적 진리를 원형으로 간주한다. 이들은 논증적 지식을 중시한다.

p.260

이성에 의한 추리로 다양한 학문을 밝히다

데카르트는 '나는 생각한다, 고로 존재한다'(철학의 제1 원리)라는 절대적이고 확실한 하나의 원리로부터 물리학과 의학, 우주의 입자 운동 등 모든 법칙을 연역적으로 도출해냈다.

이성의 추리를 기하학의 방법으로 설명

스피노자는 데카르트의 실체 개념을 계승하여 신을 실체로 여기는 '이원론(범신론)'을 주장했다. 또한 유클리드 기하학의 형식으로 철학을 체계화했다.

이성으로 따지면 세계는 모나드

라이프니츠는 실체란 분해 불가능하고 공간적으로 면적이나 크기를 가지지 않는 힘이라 주장하며, 이를 '모나드(단자)'라고 불렀다.

영국경험론

인식과 지식의 근거를 경험에서 찾으며, 대륙합리론과 대립했다. 이들은 지식이 경험에 의해 형성된다고 주장하며, 합리론의 선천적 지식 개념을 비판했다.

모든 것은 경험에서 시작된다

로크는 인간의 마음은 원래 백지상태로, 경험에서 얻은 지식이 저장되어 관념이 형성된다고 여겼다. 데카르트의 '생득 관념=사람이 태어나면서부터 가지고 있는 관념'을 부정한 것이다.

p.272

존재하는 것은 지각되는 것이다

버클리는 로크의 주장을 발전시키고 오감은 모두 마음속에 있다고 했다. 그리고 지각이 있으면 외부에 물질이 없어도 이 세계를 인식할 수 있다고 주장했다.

사물의 인과관계조차도 경험에 의한 것이다

흄은 'A이기 때문에 B이다'라는 인과관계조차 신념에 불과하고, 자아(생각하는 나)도 의심스럽다고 했다. 이는 독단적인 대륙합리론의 입장을 크게 흔들어 놓는 계기가 되었다.

〈근대 철학〉 '인간' 중심의 철학

스콜라 철학은 《성서》에 기초한 가르침을 철학으로 설명한 것이다. 하지만 고대 그리스의 인간중심주의를 부흥시킨 르네상스 운동이 일어나자, '신'이 아닌 '인간'을 중심으로 한 사상 운동을 전개하고 근대 철학에 영향을 주었다. 대륙합리론·영국경험론의 철학자들은 아리스토텔레스의 세계관을 비판하고, 인간의 이성·경험에 의한 새로운 철학을 구축했다.

그런데 합리론과 경험론이 각각 벽에 부딪히자 칸트가 이들을 통합했다. 칸트는 인간 이성의 한계를 구분하고 인간에게는 '아는 것'과 '모르는 것'이 있다고 생각했다. 그 후 헤겔이 이를 비판하고 '모르는 것'은 변증법적으로 언젠가는 명확해진다고 주장해 근대 철학의 챔피언이 되었다.

사물을 파악할 때 이성과 경험 중
어느 쪽이 선행하는가?

인간은 이 세계를
어디까지 알 수 있을까?

p.155

모든 것은 경험에서
시작하고, 그 후에 이성으로
정리 정돈한다

칸트는 대륙합리론과 영국경험론의 주장을 종합하고, 경험에서 얻은 소재가 이성을 통해 이해된다고 여겼다. 이에 따라 세계의 실존성과 인과율도 옹호했다.

p.155

경험할 수 없는 것은
알 수 없다

칸트에 의하면, 경험을 통해 오성·이성이 인식을 형성하므로 경험 이전의 영역은 알 수 없다고 주장하며, 인간의 이성에는 앎에 있어서 한계가 있다고 했다.

학설
타파!

p.45

변증법으로 세계 전체를
알 수 있다

헤겔에 의하면 변증법의 과정에서는 '모르는 것'이 하나의 경과에 지나지 않는다. 변증법을 통해 최종적으로는 주관과 객관이 완전히 일치하여 세상의 모든 것을 알 수 있다고 생각했다.

현대

〈현대 철학〉 지금까지의 철학을 논파하는 '탈철학'의 시대

현대 철학은 우선 헤겔에 대한 비판에서 시작한다. 헤겔이 철학에 대해 다양한 철학자의 비판이 집중적으로 일어났다. 헤겔 비판의 선두자는 니체였다. 니체는 절대적 진리 같은 건 없다고 설파하며 소크라테스 이후의 철학 대부분을 뒤집었다. 또 키르케고르는 헤겔의 '객관적 진리' 등은 개인에게 어떤 도움도 되지 않는다고 생각했다. 여기에서 실존주의의 흐름이 생겨났다. 하지만 실존주의조차도 이윽고 구조주의의 등장으로 종말을 맞이하고, 포스트구조주의(포스트모던)라고 불리는 사상이 전개된다. 현대 철학의 특징은 지금까지의 철학을 논파하는 '탈철학'이다.

진리는 객관적인 것? 주관적인 것?

p.45

객관적 진리가 있다

헤겔은 변증법이 최고의 단계까지 이르면 주관이 '객관적 진리'를 완전히 파악하여 자연과학·역사·미학·문학 등 모든 학문을 해명한다고 생각했다.

실존주의

p.115

자신에게 있어서 주체적 진리가 중요하다

키르케고르는 헤겔의 '객관적 진리'가 개인의 인생과는 관계없다고 생각했다. 그는 자신이 그것 때문에 살고 그것 때문에 죽을 수 있다는 '주체적 진리'를 갈망했다.

세계를 움직이는 것은 정신? 본질?

독일 관념론

독일 관념론은 칸트의 흐름을 이어받아 헤겔에 의해 완성되었다. 이 사상에서는 자연(물질)에 대해 정신을 우위에 두는 입장을 취한다.

p.45

정신이 세계를 움직인다

헤겔은 세계는 '절대정신'에 의해 이성적으로 전개되며, 역사 또한 정신에 의해 움직인다고 생각했다. 또 세계의 역사는 절대정신의 본질인 '자유'를 목표로 전개된다고 했다.

유물론

이 세계는 물질만으로 이루어져 있다는 사고방식. 정신적 요소는 뇌의 전기적 파생물에 불과하고 물질이 세계를 움직인다고 여겼다.

p.233

물질이 세계를 움직인다

마르크스는 정신이 세계를 움직이는 것이 아니라 물질이 정신에 영향을 준다고 생각했다. 구체적으로는 경제가 토대가 되어 정치·종교 등 정신적 이데올로기가 규정된다고 주장했다.

'존재'하는 것은 당연하다?

존재론

'존재'는 자명한 이치

'존재'가 철학의 과제라는 것은 고대 그리스에서부터 주장되었다. 하지만 존재 자체가 무엇인지를 묻는 경우는 거의 없었다.

p.142

존재란 무엇인지 생각해 봐야 한다

하이데거는 기존 철학에서 '존재란 무엇인가'에 대한 논의가 부족하다는 점을 지적하며(존재 망각), 이를 탐구하고자 했다.

절대적 진리는 존재하는가?

누구에게나 옳은 것(진리)이 있다

소크라테스 이후의 철학에서는 보편적 진리가 존재한다고 여겼다. 기독교에서는 '신', 근대 철학에서는 '이성의 대상'으로 받아들였다.

p.31

누구에게나 옳은 것(진리)은 없다

니체는 진리가 정해져 있다는 사고방식을 부정했다. 인간은 각자 믿고 싶은 것을 '진리'라고 부른다고 생각하며 '신은 죽었다'라고 표현했다.

행복해지려면 어떻게 해야 할까?

불행의 원인은 정신 때문이다

이때까지의 정신론에서는 육체보다 정신이 뛰어나다고 여겼다. 정신의 힘이 인간의 존재 방식을 정할 수 있다는 생각에 기초하여 괴로울 때도 정신적으로 해결하려고 했다.

p.90

불행의 원인은 마음만이 아니다

알랭은 몸과 마음은 이어져 있기에 모두 중요하다고 생각했다. 또 불행의 원인은 정신에만 있지 않으므로 불행한 기분을 느낀다면 우선 몸 상태를 점검하라고 했다.

'무엇이 옳은지'는 처음부터 정해져 있다?

프래그머티즘

프래그머티즘은 '행위 행동'을 의미하는 그리스어 '프라그마(pragma)'에서 유래한다. 이 사상은 행위의 실제적 효과·결과를 중시한다는 특징이 있다.

'올다'고 여겨지는 것은 처음부터 정해져 있다

고대 그리스 철학에서는 진리가 정해져 있다고 여겨졌다. 이후 기독교 철학이 도입되었고, 근대 철학에서는 진리를 인식하는 방법이 전개되었다.

학설 타파!

실제로 행동해 보면 무엇이 옳은지 알 수 있다

퍼스는 과학실험에 사용되는 방법을 지식이나 관념의 분석에 적용했다. 다양한 관념은 행동 결과에 따라 보다 명확해진다고 생각했다.

영향

p.57

'올다'고 여겨지는 것은 전부 가설이다

듀이는 지성과 지식의 가치는 그 자체에 있는 것이 아니라 문제를 해결할 때 그 유용성에서 결정된다고 주장했다. 그는 또한 지식과 지성을 도구로 간주했다.

영향

경험해 보고 실질적으로 효과가 있다면 그것은 올다

제임스는 퍼스의 사상을 발전시키며, 진리의 기준을 실생활에서의 유효성으로 보았다. 그는 진리가 항상 진리인 것이 아니라, 유용한 것이 진리라고 생각했다.

사회는 진보해 가는 것?

실존주의

p.219

인간은 항상 자신을 뛰어넘어 진보한다

사르트르는 인간은 늘 자기를 뛰어넘어 진보하며 자유로운 존재라고 생각했다. 또 마르크스주의에 의한 진보사관에 따라 사회도 진보하는 것이라고 파악했다.

학설 타파!

구조주의

p.207

'이건 진보하고 있고, 저건 뒤처지고 있다'는 믿음

레비 스트로스는 원시 사회에서도 무의식적으로 문명사회 이상의 사고가 이루어지고 있음을 보여주며, '세계가 진보하고 있다'는 건 서구적이고 편향된 세계관이라고 외쳤다.

'지식'은 시대에 따라 변한다?

계보학

지금까지의 사고방식

지식이 하나로 정해져 있다

이때까지의 사고방식에 의하면, 이성에 의해 '정상'과 '이상異常'이 구분 지어졌다. 이성적으로 행동하는 것은 옳고, 거기에서 벗어나는 것은 그르다고 여겨졌다.

푸코

지식은 시대에 따라 변한다

푸코는 '광기'와 '이성', '이상'과 '정상'이라는 구별이 역사에서 만들어진 것이라 여기고 비이성적인 광기나 이상을 구별하고 차별화하는 권력 구조를 비판했다.

전체주의에 대하여

정치철학

나치스의 탄생

일당 독재와 유대인 홀로코스트 등을 자행했다

1930년경, 나치당은 히틀러를 지도자로 세우며 급부상했다. 일당 독재하에 대중을 선전하고 사회주의자·민주주의자·유대인들을 탄압했다.

아렌트
p.181

사람들의 다양한 가치관을 중시하고 전체주의를 부정

아렌트는 전체주의처럼 하나의 가치관을 밀어붙이지 않고, 사람들의 다양성을 인정해야 한다고 생각하며, 시민에 의한 공공적 정치 공간(공공성)을 이상으로 여겼다.

프랑크푸르트학파

20세기 초기에 설립된 독일 프랑크푸르트의 사회연구소를 중심으로 한 연구자 집단. 연구자의 대다수는 유대인계 지식인이었다.

벤야민
p.245

복제 기술로 인해 사회 참여 가능성이 확대된다 / 전체주의는 NG

벤야민은 복제된 예술이 대량 생산되는 현상을 통해 자본주의를 다시 생각해 볼 가능성을 발견했다. 한편, 대중 예술이 나치즘의 프로파간다(선전)로 이용되는 것을 우려했다.

아도르노

도구적 이성에서 야만적 지배가 자행된다

목적을 실현하기 위해 도구처럼 이용되는 이성을 '도구적 이성'이라고 한다. 아도르노는 이러한 도구적 이성에 따라 만행이 자행된다고 설파했다.

플라톤 이후의 철학

진짜와 가짜가 있다 /
세계에는 목적이 있다

플라톤 이후의 철학에서는 진짜(이데아),
가짜(사물)라는 이항 대립이 있었다. 또
'세계에 목적이 있다'라는 사고가 존재했는
데, 이는 사르트르의 진보주의적 사고방식
등으로 계승되었다.

학설
타파!

언어의 한계가 사고의 한계?

포스트모던

포스트모던에서는 서양의 이성 중심에 의한 이원적 가치관을 뒤엎고 다면적 지식을 전개했다.
대중 소비 사회의 발전, 고도 정보화 사회 등이 포스트모던의 사상 배경이 되었다.

데리다

진짜와 가짜의 이항대립을 무너뜨리다

데리다는 서구 철학이 테마로 삼은 '주관/
객관', '동일성/차이', '선/악', '파롤(음
성언어)/에크리튀르(문자언어)' 등의 이
항대립의 재구축을 시도했다.

보드리야르 p.195

상품에서는 차이가
중요하다

보드리야르에 의하면, 소비 사회에서는 상
품이 물건이 아닌 '기호'가 되어 다른 것과
의 차이가 중시된다고 생각했다. 또한 오리
지널 부재 상태로 인해 현실이 데이터로 대
체되어 소멸하는 상황을 예상했다.

리오타르

커다란 이야기는 끝났다

리오타르는 1979년에 《포스트모던의 조
건》을 저술하고 마르크스주의와 같은 '역
사에 목적과 도착점이 있다'라는 생각을 비
판하며 그런 이야기는 끝났다고 주장했다.

들뢰즈

욕망이 차이를 더욱 넓힌다

들뢰즈는 고대에서 근대 철학을 '오리지
널'과 '카피(플라톤의 이데아론 등)'라는
'자기 동일성에 대한 원리'라고 주장하며,
이것을 떨쳐버리는 '차이'의 철학을 설파
했다.

298

21세기를 살아가는
현대인을 위한 철학

펴낸날 2025년 3월 20일 1판 1쇄

지은이 토마스 아키나리
옮긴이 장하나
펴낸이 김영선, 김대수
편집주간 이교숙
교정·교열 정아영, 나지원, 이라야
경영지원 최은정
디자인 타입타이포
마케팅 신용천

펴낸곳 파인북
주소 경기도 고양시 덕양구 청초로 10 GL 메트로시티한강 A동 20층 A1-2002호
전화 (02) 323-7234
팩스 (02) 323-0253
홈페이지 www.mfbook.co.kr
출판등록번호 제 2-2767호

값 18,800원
ISBN 979-11-986325-1-7(03100)

파인북과 함께 새로운 문화를 선도할 참신한 원고를 기다립니다.
이메일 dhhard@naver.com (원고 투고)